나는
시니어
인플루언서다

나는 시니어 인플루언서다

초 판 1쇄 2023년 03월 23일

지은이 이용호(호몽)
펴낸이 류종렬

펴낸곳 미다스북스
총괄실장 명상완
책임편집 이다경
책임진행 김가영, 신은서, 임종익, 박유진
표지디자인 이지은

등록 2001년 3월 21일 제2001-000040호
주소 서울시 마포구 양화로 133 서교타워 711호
전화 02) 322-7802~3
팩스 02) 6007-1845
블로그 http://blog.naver.com/midasbooks
전자주소 midasbooks@hanmail.net
페이스북 https://www.facebook.com/midasbooks425
인스타그램 https://www.instagram/midasbooks

© 이용호(호몽), 미다스북스 2023, *Printed in Korea*.

ISBN 979-11-6910-190-5 03190

값 18,000원

미다스북스는 다음세대에게 필요한 지혜와 교양을 생각합니다.

★★★★★
시니어가
인공지능 AI시대를
즐기는 노하우

방황하는
라떼 세대에게
용기를 주는

나는
시니어
인플루언서다

미다스북수

이용호(호몽) 지음

프롤로그

난 평소 사람 만나는 것을 좋아한다. 젊었을 때부터 친구들과 어울리고 여행 가는 것을 좋아했는데 이런 나를 보고 어머니께서 "너는 역마살이 끼어서 싸돌아다니길 그렇게 좋아한다."라고 하셨던 말씀이 기억난다. 지나간 내 삶 전체를 되돌아봐도 분명히 조용히 책상에 앉아서 공부나 사색을 하는 것보다 누군가와 어울리면서 정보를 취득하는 스타일로 살아왔던 것 같다.

2013년 사업을 시작하기 전 대부분 직장 생활은 사람을 만나서 설득하는 일을 주로 하는 영업이었다. 40대 초반의 일로 기억된다. 당시 삼성전자와 거래를 성사시키려고 휴대폰과 가전제품 부문 디자인 팀과 미팅이 자주 있었다. 그런데 하루는 디자인 팀 담당 대리가 미팅 도중 나에게 아주 조심스럽게 "이사님, 저 담배 한 대 피워도 되겠습니까?" 이런 말을 하는 것이었다. 처음에는 "아! 예." 하고 무심코 넘겼는데 미팅이 끝나고 회사로 돌아오면서 그 일을 다시 생각해보니 뒤늦게 망치를 한 대 얻어맞은 듯한 충격을 느꼈다.

회사 제품을 잘 설명하여 성공적으로 거래를 개시해야 하는 입장인데 담당 대리가 상대인 나를 대화가 잘 통하지 않는 나이 많은 꼰대로 대하고 있었다는 것에 큰 충격을 받은 것이다. 서로 관계가 친밀하고 대화가 잘 통해도 거래를 성사시키기 어려운 상황인데 미팅 시작 단계부터 나를 어렵게 대하고 있다는 것은 결과를 부정적으로 예상할 수밖에 없는 상황이었다.

퇴근 후 집에 와서 아내에게 낮에 있었던 일을 전하면서 내가 조금 더 젊은 이미지로 다가서려면 어떻게 해야 할까 하고 의논해보니 평소 내 복장이 너무 변화도 없고 경직된 복장이라고 알려주었다. 그 당시 나는 조금이라도 더 날씬하게 보이려고 항상 검정색 싱글 양복과 넥타이에 헤어스타일도 머리카락 한 올 흐트러짐이 없이 정돈된 형태로 드라이한 후 스프레이로 고정하고 다녔었다.

한참 뒤에 들은 이야기지만 그 당시 우연히 지나가는 내 모습을 보고 아들 친구가 농담 삼아 "너희 아버지 혹시 조폭 아니냐?"라고 물어본 적도 있었다고 한다. 아내의 조언에 따라서 당장 헤어스타일부터 조금 더 부드러워 보이게 파마를 하고, 복장도 청바지와 캐주얼 셔츠 위에 콤비 양복을 걸치고 넥타이는 과감하게 풀어버렸다.

당시 내가 다니던 회사의 임원들은 대부분 나보다 나이가 많기도 했지만 평생 양복만 입고 근무를 해왔기 때문에 내가 복장과 헤어스타일에 변화를 주고 출근한 월요일 갑작스러운 변화에 다들 깜짝 놀라며 회사에 놀러 왔냐는 농담도 하였다.

출근 직후 이어진 주간 회의 시작 전에 먼저 일어나 복장과 헤어스타일 변화 대해 이야기를 하였다. "지금까지 저와 우리 회사에 임직원들은 너무 경직된 복장으로 거래선을 상대했던 것 같습니다. 이로 인해 미팅 상대방이 쉽게 다가오지 못하게 방어벽을 치는 결과가 발생한 걸 경험했습니다. 저의 이런 변화를 다른 분께 강요하지는 않겠습니다. 하지만 영업 일선에서 뛰고 있는 저부터 상대방에게 좀 더 친밀감을 줄 수 있는 스타일로 변화를 주고 싶어 이런 복장으로 출근을 했습니다. 그러니 보시기에 어색하고 마음에 들지 않는다 하더라도 오해하지 마시고, 회사를 위한 충정으로 받아주셨으면 합니다."라고 강한 어조로 내 의지를 표명하였다.

그날 이후로 나는 특별한 상황이 아니면 싱글 양복을 입고 출근한 경우가 없었다. 헤어스타일과 복장이 변하니까 내 마음도 훨씬 젊어지는 듯했다. 그렇게 모습이 변한 후 삼성전자 담당자와 다시 미팅 일정이 있었는데 나를 보자마자 "와우!" 하고 소리치듯이 외쳤다. "이사님, 이전과 달리 10년은 젊어 보이시는데요." 그 말을 듣고 '아! 성공했구나!' 하고 속으로 크게 외쳤다. '그래 바로 이것이야! 생각을 젊게 가지는 것도 중요하지만 외적 변화도 분명히 필요해!'

나는 복장은 물론이고 모든 일에 임하는 자세도 좀 더 젊은 생각으로 바꾸기 위해서 부지런히 책도 찾아서 읽고 젊은 사람들과 소통하기 위해 그들이 모이는 자리를 일부러 찾아다녔다. 평소 창의적인 아이디어 만들기를 좋아하는 성격인지라 네이버 카페 '아이디어 클럽'에 설립 초기부터 관여하여 활동도 하였는데 이삼십 대 젊은 회원들이 주류를 이루고 있었다. 실제로 나는 제조업 분야에서 약 10여 년간 근무하면서 많은 분야의 회사들과 거래를 하며 쌓인 경험이 많았고 아이디어를 구체화시키는 남다른 능력도 갖추고 있었다. 그래서 카페 회원들이 아이디어 낸 것을 제품화하고 상품화하는 데 현실적인 도움을 주는 경우가 많았다.

　이러한 이유로 카페 운영자는 나를 자문위원으로 추대를 하였고 그것을 계기로 자주 젊은 친구들의 모임에서도 같이 어울리곤 했다. 항상 내가 먼저 다가서다 보니 그 친구들도 자연스레 자기 아이디어뿐만 아니라 속에 있는 고민까지 털어놓는 사이로 발전하여 내 또래의 어떤 친구들보다 젊은 친구들이 많았다.

　이런 경험을 통해서 직업 특성상 자주 만나게 되는 젊은 사람들과 대화할 때 항상 그들을 먼저 이해하고 배려하는 마음으로 다가가기 때문에 영업적인 측면에서도 성과가 좋았다고 자평한다. 내가 처음 인플루언서 활동을 시작할 때 주위에 있는 지인들에게 메타버스나 유튜브 이야기를 하면 거의 관심을 보이지 않았고 자신들과는 전혀 다른 세상의 이야기처럼 치부되는 것이 일반적이었다. 하지만 나는 일반인들보다 항상 앞서서 트렌드를 리드한다는 자세로 살았기에 메타버스와 유튜브 인플루언서로 활동을 하면서 나의 활동 상황을 널리 알리려고 노력했었다. 솔직히 그들이 선뜻 도전하지 못하는 분야에도 과감하게 뛰어들어 멋지게 활동하는 나를 경외감을 가지고 바라보게 하자는 의도도 있었다.

나이가 들어갈수록 나타나는 특징 중 하나는 변화를 싫어한다는 것이다. 그동안의 경험을 토대로 안정적인 삶을 추구하려는 사람들을 자주 만나게 된다. 이런 고착 현상에 거부감이 많은 나였기에 항상 새로운 것에 도전하고 젊은 사람들과의 어울림 속에서 보다 큰 행복을 얻으려고 하고 있다.

비록 물리적인 나이는 시니어에 접어들었지만 생각과 행동은 젊은이들과 어깨를 나란히 한다는 생각에서 책 제목을 『나는 시니어 인플루언서다』라고 정하였다. 혹시 독자 중에서 나와 연령대가 비슷한 분들이 이 글을 읽게 된다면 내 이야기가 동기 부여가 되어 처음에는 다소 어색하고 도전이 힘들어도 인플루언서의 삶 속으로 빠져 행복을 찾아보라고 적극 추천하고 싶다.

마지막으로 어린 시절 추억을 떠올리며 같이 웃어주시던 내 어머니 조순예 여사님, 쓰던 글이 막혀서 고민할 때 항상 옆에서 미소로 용기를 주던 내 아내 김도연 씨, 표지 디자인을 맡아서 꼼꼼하게 도움을 준 딸 지은이 그리고 항상 든든한 웃음으로 응원해주던 아들 익재에게도 감사의 말을 전한다. 그 외에도 책의 제목과 내용을 같이 고민해준 나야호님과 희윤쌤님, 집필의 세심한 부분까지 가르침을 주었던 올레비엔님, 그리고 인플루언서 활동을 하면서 만난 많은 분들께도 여러분들이 있어 더 고맙고 행복하다는 말을 전하고 싶다.

유튜브 '시니어인플루언서 호몽'
www.youtube.com/@homong

책 안에 나오는 QR 코드를 스캔하면 관련 동영상이나 자료를 볼 수 있다.

목차

2장 나는 시니어 인플루언서다

6장 행복한 인플루언서가 되어 제2의 인생을 살자

7장 인공지능 AI 기술과 친해지자

태어날 때부터
유명한 사람은 없다

집에 들어오면 앉는다. 앉으면 공부한다

내가 초등학교를 다니던 1970년대 초반에는 많은 것이 부족한 시기였다. 아버지께서는 부산에서 하급 공무원으로 근무하셨는데 당시 공무원 급여는 지금과 달리 매우 열악하였다. 내 기억에 아버지의 급여가 당시 기준으로 쌀 두 가마를 간신히 살 수 있는 정도라서 항상 궁핍한 생활을 벗어나기 힘들었다.

가난한 농촌 출신이라 부산으로 발령을 받아 이사 오실 때 가지고 온 짐이라곤 입던 옷 몇 벌과 이불, 그릇 몇 가지가 전부였다고 한다. 학연과 지연 등 기댈 구석 하나 없어 남들처럼 융통성도 부리지 못하고 근무

했기에 당시 공무원 사회에서 흔했던 부정한 뒷돈 한 번 받은 적이 없었다고 기억한다. 어린 시절이었는데도 청백리상을 받은 아버지가 오히려 미웠던 것은 험한 세상에 너무 일찍 눈을 뜬 탓인지도 모른다.

이런 이유 때문에 시골이 아닌 부산에서 학교를 다녔음에도 불구하고 초등학교 4학년이 되어야 처음 운동화를 신었을 정도였다. 3학년 때까지는 검정 고무신을 신고 다녔는데 운동장에서 공놀이를 할 때 조금만 뛰어다녀도 발에 땀이 차서 공을 차면 공보다 신발이 더 멀리 날아가는 경우도 허다했다. 하지만 한 번도 그 어려운 환경을 원망한 적이 없었던 게 다행이라 하겠다.

내 아버지의 학력은 초등학교 2년 반 다닌 것이 전부다. 지금보다 경쟁력이 덜했던 당시에도 고등학교를 졸업한 사람들이 긴 시간 동안 열심히 공부해도 어려웠던 국가 공무원에 합격하여 근무하셨다는 것이 나의 큰 자부심이었다. 아버지께서 초등학교도 제대로 다니지 못하신 데는 나름대로 이유가 있었다.

예전에는 한 마을에 역병이 돌면 온 마을 주민들을 다 죽음으로 몰고 가는 경우가 흔했는데, 아버지가 어렸을 때 장티푸스가 마을을 덮쳤고 할아버지를 포함해 많은 마을 사람들이 병을 이기지 못하고 운명을 달리하였다. 그것이 아버지 나이 네 살 때라고 말씀해주셨다. 일제 강점기 후반 사회적 격변기에 젊은 아들을 먼저 하늘나라로 보내고 나서 집안을 책임지신 증조할아버지께서는 평생 책만 읽을 줄 아는 학자로 살아오신 분이었다. 그나마 있던 논밭과 재산도 제대로 관리하지 못하는 무능함이 당신께서 너무 책만 보신 탓이라는 왜곡된 생각에 손자들을 초등학교밖에 보내지 않았던 것이다.

더구나 아버지께서 초등학교 2학년 때 한국전쟁이 발발해 학업이 중단되었고 전쟁이 끝난 후에도 증조할아버지께서는 더 이상 학교를 보낼 생각이 없었다. 주위 친척들이 평소 워낙 영민하고 책 읽기를 좋아하는 아버지에 대해 잘 알고 있었기에 증조할아버지께 초등학교라도 마치게 해서 한글이라도 제대로 배우게 해야 되지 않겠느냐며 설득하여 5학년에 편입을 시켜주었다고 한다.

늦깎이 편입생이었으나 성적이 항상 상위권에 속했던 아버지께서는 공부를 더하고 싶어서 무서운 증조할아버지께 중학교에 보내 달라고 수없이 간곡하게 청했는데도 결국에는 그 뜻이 무산되어 초등학교 졸업이 학력의 전부가 된 것이다. 그래도 공부를 향한 의지를 꺾지 않고 낮에는 농사일을 하고 밤에 증조할아버지께서 잠들 때까지 기다렸다가 불빛이 밖으로 새어 나가지 않게 창호 문을 이불로 가리고 몰래 공부를 하였다고 한다.

그런 힘든 시절을 겪으신 아버지께서는 지금 생각해도 어처구니없게 완전히 독학으로 사법고시 공부에 도전하셨다고 한다. 하지만 최종 학력이 초등학교 2년 반이 전부였던 탓에 해마다 시험 칠 수 있는 학력 조건이 중졸 혹은 고졸 이상으로 변경되거나, 시험 일정도 없는 해가 있어 1년 이상 준비했는데도 시험조차 칠 수 없는 때가 있었다고 한다. 이런 힘든 상황 때문에 공부에 한이 맺혀서 울분을 참지 못해 동네를 소리치며 뛰어다닌 적도 많았다는 말을 어머니께 듣기도 하였다.

두 분은 한 마을에서 같이 성장했고 어머니께서 한 살 더 연상이셨기 때문에 어린 시절 아버지를 정확히 기억하고 계신다. 학교를 제대로 다니지 못한 한 때문에 방황을 많이 했던 아버지께서는 21살 되던 해에 결혼을 한 뒤에야 비로소 마음대로 책을 보실 수 있었다고 한다. 하지만 장남인 내가 일찍 태어나 거두어야 할 식솔을 두고 농사를 지으면서 공부를 한다는 것이 결코 쉽지 않았다. 더구나 내가 태어난 이듬해 어머니와 나를 두고 군 입대를 했기 때문에 그 긴 시간 동안 아버지께서 겪으신 고민은 상상하기가 힘들다.

아버지는 전역 후 2년 만에 독학으로 5급 국가공무원(현재의 9급) 시험에 합격하셨고, 그 후 부산에서 공무원 생활을 시작하셨다. 이런 역경을 겪으셨기 때문에 아버지께서는 나와 내 동생들이 어렸을 때부터 우리들의 공부에 대한 관심이 과하셨다. 오죽했으면 한때 집에 가훈이라며 써서 벽에 붙여 놓았던 글귀가 하나 있었는데, 지금 생각해보면 참으로 민망하다. 「집에 들어오면 앉는다. 앉으면 공부한다.」훗날 이야기이지만 아버지께서 돌아가실 때 나에게 남긴 유언이 세 동생들을 대학교까지 무사히 졸업시키라는 것이었으니 공부에 대해 평생 한을 품고 사시다 돌아가셨다 해도 과언이 아니다.

아버지를 기억할 때 가장 먼저 떠오르는 것은 책상 앞에 앉아서 책을 읽고 계신 모습이다. 내가 한창 만화책에 빠져 있을 때 내가 보던 만화책을 보시더니 당신께서는 만화보다 행정학책이 더 재미있다고 말씀하신 분이었으니 더 말해 무엇할까. 다행히 나를 비롯해 동생들이 어려운 환경에서도 학교에서 상위권 성적을 유지할 수 있었던 것은 평소 자식 교육에 많은 관심을 기울이고 직접 영어와 수학을 가르쳐주시기도 했던 아버지의 은덕이다. 우리는 이 사실을 결코 잊지 못한다.

내가 초등학교 4학년 때 어느 날 갑자기 아버지께서 말단 공무원 생활에 더 이상 발전이 없다며 직장을 그만두시고 행정고시 공부에 뛰어든 적이 있었다. 다섯 식솔을 거느린 가장으로 정말 무책임한 결정이고 어처구니없는 행동이었다는 생각이 들 때도 있다. 하지만 자신의 학력에 한이 맺힌 아버지로서는 그게 당신께서 힘든 환경을 극복하는 최선의 길이었는지도 모른다.

　아버지께서 고시 공부를 위해서 집에서 두문불출 공부만 하고 계실 때 당연히 가족들의 경제적인 책임은 어머니께로 넘어갔다. 하지만 지금 생각해봐도 어처구니없는 결정 중에 하나가 왜 그 많은 부업 중에서 계란 행상을 해보라고 권유했는지 아버지가 참 원망스러울 뿐이다. 어머니 말씀에 의하면 여러 가지 부업거리를 찾다가 아버지께서 어디서 들었는지 계란 행상을 해보라고 추천하셨다고 한다.

　그렇게 시작된 어머니의 행상 일은 감히 상상하기 어려울 정도로 힘든 고난이었다. 계란을 큰 양은 대야에 가득 채운 다음 머리에 이고 우리가 살았던 산동네 비탈길을 다니시면서 감당했던 그 무게는 돌덩이를 머리에 이고 돌아다니는 것과 비슷했다. 지금 내가 그 무게를 든다고 해도 겨우 들 수 있는 무세이다. 큰 대야에 계란을 가득 채우면 계란이 약 400개 정도가 들어갔다고 기억하는데 계란 평균 무게가 70g 정도니 400개면 대야 무게를 제외한 순수 계란 무게만 28kg이었으니 여성이 감당하기엔 정말 힘든 무게였다고 생각한다. 어머니란 책임감에서 나오는 힘은 상상하기 어려울 정도도 대단했다.

　지금도 가끔 그 시절 이야기를 꺼내며 얼마나 힘드셨냐고 여쭈어보면 하늘을 쳐다보고 길게 한숨부터 쉬신다. 그런 어머니를 보고 있자면 매번 가슴이 먹먹해지는 것을 숨기기가 힘들다. 아버지께서는 집에서 무심한 듯 공부에만 전념하고 있었지만 어머니를 행상으로 내보내시고 책상 앞에 앉아 계실 때 그 속은 또 얼마나 새카맣게 타들어갔을까 생각하면 추억 치고는 참 힘든 기억이다. 그때는 장남인 나도 늦은 시간까지 장사를 하시는 어머니를 대신해 가족이 먹을 저녁밥을 준비하는 경우도 많았다.

집에 들어오면 책상에 앉아 공부하는 것이 거의 습관처럼 되어 있는 집안의 분위기가 자연스레 나와 내 동생들 모두 상위권 성적을 유지할 수 있었던 밑거름이 되었다. 우리는 부산에 친척이 전혀 없어서 설날이나 추석 명절 때도 찾아갈 곳이 없었기에 아버지께서는 명절날에도 쓸데없이 놀지 말고 공부나 하라는 지시를 하셨고 우리 형제들은 불만이 많았지만 아버지와 같이 책상에 앉아 보냈던 어린 시절이었다. 비록 힘든 시절이었지만 지금도 생생히 기억하는 행복한 추억 한 가지는 6학년 학력시험에서 내가 전교 1등을 해서 단상에 올라가 전 학년 대표로 교장 선생님께 상을 받을 때이다. 훗날 어머니께서 들려주시던 이야기에 따르면, 비록 계란 행상을 했지만 주변에서 아들이 전교 1등을 해서 대단하다며 칭찬을 하고 계란 몇 개라도 더 사주려고 했을 때 그 기쁨을 무엇하고도 바꿀 수가 없었다고 한다. 집안의 어려운 환경, 특히 어머니께서 고

생하시는 모습을 보면서 일찍 철이 들어 부모님이 원하는 방향에서 크게 벗어나지 않게 행동하려고 노력했던 시기였다.

몇 년간의 고시 도전 끝에 스스로의 한계를 인식한 아버지께서 더 이상 가족을 힘들게 해서는 안 된다고 결정한 후 7급 지방공무원 시험에 합격하여 공무원 생활을 다시 시작했을 때 우리 집의 가계 형편은 조금씩 나아지기 시작했다.

오빠는 공부하는 걸 본 적이 없어

중학교 1학년 때 소극적인 내 성격을 고치기 위해 아버지께서 태권도를 배워보라고 권유하셨다. 처음에는 억지로 다녔던 태권도장이 나중에는 너무도 즐거운 운동이 되어 1년 후 초단을 딸 때까지 비가 오나, 눈이 오나 한 번도 결석을 하지 않고 열심히 다녔던 것으로 기억한다. 운동 재능도 과히 나쁘지는 않아서 학교 대표로 선수권 대회까지 나가기도 했다. 태권도를 향한 열정은 중학교를 거쳐서 고등학교, 대학교까지 식지 않았는데 대학 합격 직후 국기원 3단 자격증을 획득하였고, 대학교에 가서도 내가 직접 태권도 동아리를 만들어 군 입대 전까지 회원들을 지도하며 운동을 했었다.

아버지께서 태권도를 권유했던 의도대로 운동을 하는 동안 내 성격도 보다 적극적이고 외향적으로 변했고 친구들과도 좀 더 적극적으로 사귀게 되었다. 당시에는 가난한 공무원의 아들로서 대학교를 간다는 것이 지금과는 달리 상당히 어려운 상황이었다. 하지만 아버지의 학업에 대한 집념은 자식에게 그대로 이어져 집을 팔아서라도 대학교에 가야 한다며 인문계 고등학교에 진학하기를 강조하셨고 나도 아버지의 선택에 따라서 큰 고민 없이 인문계를 선택했다.

하지만 학교생활 경험이 거의 없는 아버지께서는 인문계 고등학교를 가기 위해서는 중학교 3학년 겨울 방학 동안 학원에 등록하여 고등학교 수업에 대비하여 영어와 수학을 공부를 해야 된다는 사실은 전혀 몰랐다. 나 또한 미찬가지여서 방학 동안 공고나 상고로 진학하는 친구들과 함께 신나게 놀러 다녔던 것만 기억이 난다. 중학교 때도 반에서 항상 상위권을 유지했던 내가 고등학교 첫 시험에서 반에서 18등이라는 한 번도 경험해보지 못한 성적을 받았을 때 그 충격은 이루 말할 수가 없었다.

뒤늦게야 친구들은 고등학교 입학 전 학원에서 『성문기본영어』와 『핵심수학』을 공부하고 입학했다는 것을 알게 되었고 아버지께 말씀드려 늦게나마 학원에 등록해서 나름 열심히 공부한 덕분에 다음 시험에서는 8등으로 성적이 향상되니 선생님께서 놀라시며 어떻게 공부를 했기에 이렇게 성적이 급성장했냐며 칭찬을 해주셨지만 8등이란 성적도 내 마음에 들지 않았다.

고등학교 1학년 때 실시한 IQ 테스트 후 독일어 선생님을 통해 내가 학년 전체에서 IQ가 가장 높다는 말을 들었다. 중학교 시절 IQ 테스트에서도 친구들 평균보다 상당히 높다는 것을 들은 적이 있어서 내게는 크게 대수롭지 않은 일이었다. 하지만 어처구니없게도 선생님의 말씀은 칭찬은 아니었고 머리는 좋은데 왜 공부를 열심히 하지 않느냐면서 꾸중으로 하신 말씀이었다. 평소 공부 외에도 하고 싶은 것이 많았던 나는 아버지 몰래 중학교 때부터 활동하고 싶었던 청소년 적십자 동아리 활동을 시작하였고 적극적으로 활동하는 것을 지켜본 선배가 나를 차기 단장 후보로 정해 항상 대외 활동에도 데리고 다녔기 때문에 학업 성적이 좋을 수가 없었다. 그 당시에 인문계 학생들은 예비고사와 본고사를 같이 준비해야 했기 때문에 매주 월요일마다 시험을 치곤 했는데 나는 주말마다 실업계 고등학교에 다니는 친구들과 함께 봉사 활동을 다녔으니 시험 성적이 좋게 나올 리가 없었다.

1학년을 마치고 겨울 방학 동안 다른 친구들이 학원에서 공부를 하는 시간에도 나는 간부 수련회와 봉사 활동에 참가하느라 바빴다. 2학년 첫 시험에서 성적이 더 떨어지는 것은 너무 당연한 결과였다. 성적표를 아버지께 보여줬을 때 꾸지람을 피할 수 없겠다는 생각에 성적표를 찢어버리고 나서 선생님께는 아버지께서 성적표를 보자마자 찢어버리셨기 때문에 확인 도장을 못 받아왔다고 거짓말을 해버렸다.

정말 우스운 것은 담임 선생님께서도 이미 아버지의 성격을 알고 계셨기 때문에 당연하다는 듯이 껄껄 웃으며 앞으로 잘하라며 내 머리만 가볍게 쥐어박고 그냥 넘어갔다는 것이다. 방학 때 부진한 공부는 좋은 머리 덕분에 학기 중에 벼락치기 공부로 어느 정도 따라 붙었지만, 적십자 봉사 활동에 많은 시간을 보낸 나로서는 서울 상위권 대학교에 진학할 수 있을 정도의 최상위권 성적까지는 도저히 따라 갈 수 없었다. 그나마 3학년 때는 집중해서 노력한 덕분에 부산에서는 상위권인 부산대 영어영문학과에 들어갈 수 있었다. 다행스런 것은 부산대가 국립대학교여서 사립대보다는 학비가 저렴했고, 내가 대학교 입학하던 해부터는 공무원 자녀들을 대상으로 학자금 대출을 해준 덕분에 아버지께서 걱정하시던 것처럼 가계에는 큰 부담을 주지 않고 입학할 수 있었다.

내가 대학에 입학한 것을 두고 후일 동생들이 해주었던 말이 지금도 나를 웃음 짓게 한다. 동생들은 내가 공부하는 모습을 거의 본 적이 없었고 거의 매주 봉사 활동만 다녔는데 부산에서는 상위권이라 평가되는 부산대학교 영어영문학과를 합격한 것을 보고 '아! 오빠처럼 놀아도 부산대 정도는 그냥 쉽게 갈 수 있는 거구나.'라고 생각을 했다는 것이다. 아버지의 과도한 관심에 대한 반항심으로 아버지가 보는 앞에서는 공부를 거의 하지 않았지만 시험 직전에는 집중해서 공부했기 때문 그나마 성적을 유지해 대학교에 들어갈 수 있었다. 시험 직전 벼락치기 공부에 좋은 IQ가 많은 도움이 됐다는 것은 지금도 부정할 수 없다.

내 인생을 통해서 줄곧 이어지는 새로운 것에 대한 탐구정신은 중학교 때부터 시작한 태권도와 고교 시절의 RCY 활동에 의해서 체득된 다양한 경험에서부터 시작된 것이 아닌가 싶다. 거기에다 아버지의 공부 강요에 대한 반항심이 오히려 내재된 다양한 끼에 대한 도전으로 이어진 것 같다. 중고등학교를 통해서 미술과 음악 분야에도 관심이 많아 당시 학생들이 즐겨하지 않았던 전시회와 연주회도 혼자서 자주 찾아다녔던 기억이 있다. 친구들은 그런 곳을 자주 찾아다니는 나를 보고 그게 그렇게 좋냐며 핀잔을 준 적도 있다. 전시회에 가서 작품을 관람하거나 연주를 듣고 있노라면 내가 마치 큰 예술인과 하나가 된 것처럼 행복한 시간이었기에 혼자서도 서슴없이 찾아다녔었다. 그리고 사물을 확대해 보이는 세상이 너무 신기해 현미경을 사려고 했으나 당시 우리 가계 형편으로는 감히 그것을 사달라고 요청할 수가 없었다. 그래서 당시 학생에게는 금지된 서적을 구입해서 친구들을 상대로 되파는 장사를 해서 돈을 마련해 기어코 현미경을 샀던 추억도 있다. 만약 선생님에게 발각되면 처벌을 받을 수도 있었지만 현미경에 대한 내 욕망이 크다 보니 그런 것까지 생각할 겨를이 없었다. 이게 훗날 얼리 어댑터라는 별명이 붙을 정도로 새로운 물건을 사 모으는 데 적극적이었던 내 인생 여정의 첫 출발점이었다고 여겨진다.

'드라큘라'라는 별명을 가진 이유

내 고교 시절 성장 과정에서 청소년 적십자는 나에게 음양으로 큰 영향을 미쳤다고 할 수 있다. 나는 다른 친구들보다 한 학기 늦게 청소년 적십자 동아리에 가입을 했고 나의 적극적인 모습에 단장 선배가 관심을 보여서 자신의 후임 단장으로 세우기 위해 교내외 활동에 항상 나를 데리고 다녔기 때문이다.

2학년 때는 선배가 다른 학교 간부들에게 적극적으로 나를 추천해준 덕분에 부산시 청소년 적십자 총무부장이라는 직책에 선출되어 활동을 했는데 이 시기에는 내성적인 성격을 거의 찾아볼 수 없었다. 대중 앞에서 발표를 하는 데도 망설임이 없었고 내가 제안한 안건을 통과시키기 위해서 다른 학교 친구들을 적극적으로 설득하며 활동하였기 때문이다.

당시 RCY 단원들이 하는 봉사 활동 중 헌혈을 권유하는 캠페인도 있었는데, 이 활동에도 얼마나 적극적으로 임했던지 친구들에게 피를 뽑아먹는 '드라큘라'라는 별명으로 불린 적도 있었다. 내가 권유해서 헌혈을 한 사람들 수가 무려 수백 명이나 되었으니 당연한 결과였다 생각한다. 스스로도 여러 번 헌혈에 참여하기도 했고 다른 단원들과의 경쟁에서도 최고가 되어야겠다는 내 노력의 결실이 '드라큘라'라는 별명으로 이어졌으니 전혀 기분 나쁘게 들리지 않았다. 이외에도 여러 가지 봉사 활동을 열심히 수행한 덕분에 2학년 때 부단장을 거쳐 3학년 때 단장으로 임명되었다. 조금 우스운 추억이지만 졸업식 시상식에서 내가 수상한 상장의 수가 전교 일등으로 졸업한 친구의 상장 수보다 더 많았다는 것이다. 그만큼 대내외적으로 활동이 많은 고교 시절이었기 때문에 당연한 결과가 아닌가 싶다.

대학교 입학 후 각종 동아리에서 서로 자기들에게 들어오라고 적극적으로 가입을 권유했다. 그 결과 나와 함께 고등학교 때 청소년 적십자 간부로 활동을 했던 친구들은 이미 고등학교 때부터 안면이 있던 대학 적십자 선배들에게 호출당하여 대학 적십자 단원으로 반강제 가입을 했다.

1학년 첫 MT에서 우리 동기 중에 나와 고등학교 때 함께 활동하며 부산시 회장을 역임했던 친구가 있었음에도 불구하고 내가 동기들에게 인정을 받아서 기장으로 선출이 되었다. 하지만 대학 시절부터는 적십자 활동 외에도 해보고 싶었던 분야가 또 있었기 때문에 이전처럼 적극적으로 임하지는 못했다.

고등학교 때부터 교내외에서 다양한 봉사 활동과 다른 사람들과의 협업을 통해서 내가 이루고자 하는 목표를 수행했던 경험들이 이후 사회에 나와 활동을 할 때 많은 도움이 되었다고 생각한다. 특히 많은 사람들 앞에서 발표나 강의를 할 때 거의 떨지 않고 진행하는 것을 보고 "전문 강사도 아닌데 어떻게 그렇게 담담하게 진행을 잘하느냐?"라는 이야기를 들은 적이 가끔 있다. 고등학교 때부터 시작한 RCY 활동을 통해서 다양한 사람들을 만나고 때로는 그들과 토론을 하면서 이런 역량이 키워졌다고 생각한다. 요즘은 대학 입시에서 학업 성적 외에 봉사 활동이나 기타 대내외적인 활동을 얼마나 잘했는지가 주요 평가 항목에 들어간다는 것을 안다. 내 학창 시절에는 오로지 시험 성적만으로 대학교에 들어가는 입시 시스템이었지만 지금의 입시 방식이 올바른 전인적 교육 방식이라는 것에 전적으로 동의한다. 아무도 이러한 교육을 강조하지 않았던 시절부터 스스로 이런 활동을 통해 사회 적응 훈련을 미리 받은 나는 분명 행운아였다. 내가 직원을 뽑을 때 가장 우선시하는 부분도 성적이 아니다. 학창 시절 어떤 활동을 얼마나 주도적으로 하였는지를 가장 주요한 평가항목에 둔다. 이는 나 스스로가 그러한 경험을 통해 학습된 긍정적인 부분을 직접 체험했기에 누구보다 이 부분의 중요성을 잘 알고 있기 때문이다.

멈춰버린 기자의 꿈

대학교 입학 직후 내 꿈은 기자가 되는 것이었다. 그래서 학보사인 부산대 신문사 기자가 되는 데 관심이 컸다. 수습기자 모집 공고를 보다가 기자가 되기 위해서는 다른 농아리처럼 가입만 히면 되는 게 아니고 시험을 쳐서 합격해야 한다는 것을 알게 되었다. 잠시 당황했지만 그때도 적극적인 성격을 발휘해서 학보사 선배로부터 어떻게 시험을 준비해야 되는지 사전에 정보를 얻어 시험에 임했다.

너무 오래전 일이라 정확하게 기억을 할 수는 없지만 논술과 영어, 한문이 시험 과목이었던 것 같다. 나름 치열한 경쟁을 뚫고 수습기자 시험에 합격을 하여 기자로서 취재 활동을 시작했다. 수습기자는 맨 처음 취재부장의 지시를 받으면서 훈련을 받게 되는데 분위기가 거의 당시의 군대 생활과 유사했다. 부장의 지시가 설령 부당하다고 해도 어떠한 불평도 하지 못하고 그대로 따라야 하는 게 수습의 자세라고 배웠기 때문이다. 그런데 우리 81학번부터는 선배 학번들과는 조금 다른 졸업 규칙이 적용되었는데 이를 이해하지 못하는 선배기자들로부터 상당히 불합리한 지시를 받기도 했었다. 우리 학번부터는 『졸업 정원제』가 적용되어 8학기 중 2차례 학사경고를 받으면 졸업을 할 수가 없었다. 부산대 신문사에는 수습기자가 되면 무조건 신문 발행하는 일에만 집중하게 하여 F학점을 받게 유도하는 좋지 않은 전통이 있었다. 바로 직전 학번 선배들까지는 졸업정원제가 적용되지 않았으니까 이런 이상한 전통을 당연시 여기던 시절이기도 했다. 오히려 F학점을 한두 개 받아야 열심히 활동한 기자라는 기준으로 우리를 훈련시켰던 것이다.

우리 학번부터는 매 강의 시간마다 출석체크도 했는데 취재 때문에 결강을 하고 같은 학우들이 수업을 받고 있는 강의실 옆을 지나칠 때도 있었다. 과연 이게 맞는 길인가 의구심이 들 때도 많았지만 선배들의 군기가 무서워 한마디도 저항을 못 하고 지시에 따라 취재를 다녔었다. 이런 환경이었기에 나 역시 예외 없이 전공과목 중 하나에서 F학점을 받고 나서 잠시 기자 활동의 연장에 고민하던 시간도 있었다.

다행스럽게 한 학기가 지나고 난 뒤에는 선배들도 우리 학번의 특이한 상황을 이해했고 우리들에게 더 이상 그전의 전통대로 심하게 강요하지는 않았지만 이미 신문사에서 취재하고 기사 쓰는 습관과 잦은 술자리가 몸에 배어 학업과는 거리를 둔 대학 초기 2년을 보냈다. 거기에다 오지랖이 발동하여 취재 중 우연히 우리 대학교에는 내가 좋아하는 태권도 동아리가 없다는 것을 알고 태권도 전공 체육과 교수님을 찾아가 태권도 동아리를 만들고 싶으니 도와달라고 청했다. 마침 체육학과 최고 선배 중 한 명이 태권도 전공이라며 소개해줘서 그 선배와 함께 태권도 동아리를 만들어 군 입대 전까지 약 1년 동안 열심히 운동도 했기 때문에 전공 공부에 거의 전념을 하지 못한 것은 당연한 결과였다. 2학년 1학기 중간고사 시험을 마치고 축제 기간 중 기자로서 축제 현장 취재, 태권도 동아리에서 품새와 격파 시범 준비, 축제 파트너 챙기기 같이 1인 3역에 정신없이 바빴던 그때가 아직도 기억에 생생하다.

나와 동시대에 대학교를 다니던 친구들은 대부분 2학년을 마치고 군대를 가는 게 관례였다. 군 입대를 연기하고 차기 신문사 편집장을 하라는 선배의 권유를 뒤로하고 입대를 선택했다. 동아리 활동과 부산대 신문사 기자 활동 때문에 성적 관리를 너무 못해서 더 이상 방치하다가는 정말 졸업하기가 힘들지 모른다는 위기감이 들었기 때문이다. 비록 대학교 대학 초기 짧은 기간의 신문 기자 경험이었지만 이때의 경험 또한 나에게 평생 밑거름이 되었다. 글을 쓰는 능력도 많이 배우게 되었지만 무엇보다도 힘든 역경을 이겨내고 불가능한 것 같은 상황을 잘 헤쳐나갈 수 있게 만든 것이 부대 신문사가 내게 준 큰 교훈이다. 비록 학생 기자였지만 일선 기자처럼 열정과 집념을 가지고 어려운 과정을 헤치고 취재에 열중하며 보낸 시기였기 때문이다.

군대 전역 후 한동안은 아버지의 권유에 따라서 행정고시를 준비했었다. 그때는 철이 들어서 아버지 지시가 다소 불편하더라도 가능하면 순응하려던 시기였기에 고시 준비를 시작했지만 내 전공과 거리가 먼 행정고시 공부를 하고 있으니 이해 안 되는 부분이 많았고, 내가 절실히 원하는 분야도 아니었기 때문에 고시 공부에 집중한다는 것이 쉽지만은 않았다.

몇 개월 고민 끝에 아버지께 행정고시 준비는 중단하고 기자가 되기 위해 언론고시 공부를 하겠다고 선언을 하였다. 아버지께서도 내가 군 입대 전 학보사 기자로 활동하며 기자의 꿈을 키워왔다는 것을 잘 알고 있었기에 당신의 목표와는 벗어나는 행보였지만 나의 뜻에 어렵지 않게 동의를 해주셨다. 3학년에 복학 후 영문과 동기 중 언론 분야로 진출하려는 학우들 4명을 모아서 그룹 스터디를 조직하고 내가 리더가 되어 공부에 돌입했다. 부산대 신문사 출신 선배들 중 이미 신문사와 방송사로 진출한 분들이 여러 명 있었기 때문에 그 선배들로부터 어떻게 준비를 해야 되는지 정보를 얻어서 내가 속한 스터디 그룹원들과 협조하며 열심히 공부했다. 우리 그룹은 영문과에서 성적이 우수한 에이스들이 모였기 때문에 다른 스터디 그룹의 부러움의 대상이었다. 친한 학우들이 우리 그룹에 합류시켜 달라고 청하기도 해서 입장이 난처한 경우가 있었다.

당시에도 기자나 피디가 되기 위해서 공부를 한다는 것은 행정고시나 사법고시만큼 장시간 준비를 해야 해서 쉽지 않은 준비 과정이었다. 매일 주요 신문의 사설을 읽고 거기에 대한 논평을 써야 했고, 새로운 시사 단어가 나오면 내용을 정리하여 서로 공유해야 했다. 뉴스를 쏟아내는 다양한 매체들의 기사를 모두 모니터링 하면서 공부를 해야 하기에 혼자서는 너무 힘들어 팀을 갖추어 공부하는 게 언론고시 준비생들의 일반적인 상황이었다.

성실하게 시험을 준비를 하고 있던 어느 날 내게 청천벽력 같은 소식이 전해졌다. 아버지께서 단순한 변비로만 알고 미온적으로 대응하시던 병환의 상태가 심각함을 인지하시고 종합병원에 가서 검진을 받았는데 직장암이라는 판정이 났기 때문이다. 암에 걸리면 살기 힘들다고 알고 있었기에 처음 이 소식을 들었을 때 하늘이 무너지는 것 같았다. 아버지께서는 확진 후 즉시 다니시던 직장에서 휴직을 하시고 입원을 하셔서 수술을 받으셨는데 막상 개복을 해서 살펴보니 수술 전 진단했던 것보다도 훨씬 더 심각한 상태였다. 암의 출발점은 항문 바로 위 직장이었지만 이미 위장과 폐까지 전이가 된 상태였다. 결국 가장 심각한 부분인 직장 부위 암 덩어리만 제거하고 수술을 중단할 수밖에 없었고 나머지 부위는 방사선으로 치료하기로 했었다.

거의 36년이 흐른 지금도 암은 치료가 힘든 병이다. 치료 기술이 좋아져서 초기에 발견되면 완치율이 높다고 하지만 아버지께서는 이미 3기를 넘었기 때문에 지금의 기술로도 치료하기는 쉽지 않았을 것이라고 생각한다. 수술 후 여러 차례 방사선 치료를 받는 동안 고통스러워하시던 아버지의 모습이 지금도 눈에 선하다.

부모님께서 강요하지는 않았지만 장남이란 책임감 때문에 나름대로 암에 대해서 공부하고 온갖 처방을 찾기 위해서 이리저리 뛰어다녔던 시절이었다. 학교 수업이 끝나자마자 아버지께서 입원하신 병원으로 가서 어머니와 교대로 간병을 했었다. 당연히 언론고시 준비해도 소홀할 수밖에 없는 상황이었고 친구들은 내 상황을 이해하고 내 과제 분량을 전부 다른 친구들이 분배하여 진행할 테니 빠지지 말고 스터디에 참석만이라도 하라며 제안을 하였다. 하지만 나로 인해 내 학우들의 진로를 방해하고 싶지 않아서 이전부터 합류하고 싶어 했던 다른 학우 한 명을 추천해 주고 나는 스터디 그룹 활동을 중단하였다.

아버지의 암 투병 상황도 나를 많이 힘들게 했지만 1년 이상을 같이 공부하던 스터디 그룹 활동을 그만두고 나올 때 그 막막함과 서러움은 이루 말을 할 수가 없었다. 졸업 후 내 스터디 그룹 전원이 신문사와 방송사에 합격을 했다는 소식을 들었을 때는 복잡 미묘한 감정을 감추기 힘들었다. 어머니와 나를 비롯한 동생들의 지극한 간병에도 불구하고 아버지께서는 약 8개월 동안 고통스럽게 투병하시다가 결국 하늘나라로 가셨다. 부모님이 돌아가시는 것을 '천붕' 즉, 하늘이 무너지는 것과 같다고 했다. 특히 나에게 아버지의 부재 상황은 정말 받아들이기 힘들었다.

철이 없던 시절 공부만 강요하던 아버지가 세상에서 가장 미워 원망과 반항을 할 때도 있었으니 군 입대 후 철이 들고 나서 아버지의 조언 한마디 한마디가 세상에서 가장 소중하게 다가왔다. 휴가 때마다 아버지와 밤새 술잔을 기울이면서 대화하는 것을 즐겼다. 복학 후에도 자주 아버지와 독대하며 술자리 추억을 가진 나로서는 아비지께서 돌아가셨다는 사실을 인정하기 싫어서 그 상황을 벗어나기까지 너무 고통스러운 시기였다. 그렇지만 집안의 가장이라는 위치를 이어받았기 때문에 어머니와 동생들 앞에서는 함부로 눈물을 보일 수는 없었다. 나 혼자 감당하기 힘든 무게를 느낄 때마다 몰래 아버지 산소를 찾아가 정말 많이 울었던 시절이었다.

아버지께서 돌아가신 이후 홀어머니와 세 명의 동생들을 둔 장남의 입장에서 취업의 문턱에서 상당한 갈등이 있었다. 3학년 때까지 준비하던 언론고시에 다시 도전하기엔 단절된 1년의 시간을 극복하기가 쉽지 않은 데다 당장 가족들을 부양해야 된다는 강박관념이 앞섰던 시기였기 때문이다. 돌이켜보면 조금 더 시간 여유를 가지고 준비를 했더라면 내가 꿈꾸던 신문사나 방송국의 기자가 될 수도 있었다고 생각되나 당시에는 내 옆에서 조언해주는 사람도 없었고 이제 막 사회생활을 앞두고 있는 나로서는 조급한 마음을 떨쳐내기가 힘들었다.

우연히 영어 번역 일로 만난 선배님이 자신이 근무하던 측정 장비를 수입하는 회사에서 같이 일해보자고 제안을 했다. 당시 나는 큰 수술을 앞둔 막냇동생 때문에 의료보험카드가 절실하게 필요했던 상황이었다. 그렇게 고민할 겨를도 없이 시작했던 내 사회생활 첫걸음이 평생 측정기와 검사기와 함께하는 계기가 되었다. 돌이켜 보면 기자로서의 삶도 좋았겠지만 직장에서 익힌 경험을 토대로 10년 전부터 내 사업을 하고 있기 때문에 전혀 후회되는 삶은 아니다. 인생에는 여러 가지 길이 있는데 그 중 어느 하나를 선택해서 살아왔다고 생각한다. 우리나라의 경우 대학 졸업자 중 취업자의 상당수가 대학 전공과는 전혀 무관한 직장에 취직하고 있는 것으로 알고 있다. 실제 2021년 2월에 조사한 한국교육개발원(KEDI)의 연구 보고서에서도 우리나라 대졸자 중 52.3%는 전공과 전혀 무관한 직업을 선택한 것으로 조사됐다. 내가 고등학교 동창회의 사무국장을 역임하던 시절 동창명부를 보면서 알았던 사실은 많은 동창들이 전공과는 무관한 직종에서 일을 하면서도 나름대로 행복한 인생을 누리며 잘 살아간다는 것이었다. 이왕이면 전공과 일치하는 직종에서 근무하면 다소 수월하게 사회생활을 시작하게 되겠지만 의도치 않게 다른 직종에서 일을 하게 되더라도 그것이 단점이 될 수는 없다고 말하고 싶다.

인간은 생각보다 적응력이 뛰어난 존재이다. 본인의 의지에 따라 얼마든지 더 큰 발전을 가져올 수 있다. 나 또한 전공인 영어라는 토대가 있었기에 기계 분야에서 근무하면서도 외국 파트너들과 소통에서 비교적 자유로워 회사 내에서도 다른 사람들보다 해외 연수 등에서 더 많은 기회를 얻었고 이로 인해 항상 자긍심을 가지고 근무할 수 있는 동력이 되었다. 내가 직장 생활을 시작했던 1988년만 하더라도 해외여행이 보편화되지 않았기에 해외 연수나 출장을 간다는 것은 같은 직장 안에서도 부러움의 대상이었다. 하물며 신입사원이 연차가 많은 선배 사원들을 뒤로하고 해외 연수를 갔을 때 분위기를 상상해보면 내가 얼마나 질투의 대상이었는지 능히 짐작할 수 있을 것이다. 다행히 어릴 적부터 기술 분야에도 관심이 많았고, 고교 시절 적성검사 결과도 이공계였다. 하지만 아버지의 뜻이 고시를 통한 공무원이 되는 것이었기 때문에 인문계로 진학할 수밖에 없었지만 기계 분야를 배우고 적응하는 데 타고난 재주를 가지고 있었다. 이런 능력은 지금도 IT 분야의 신기술에 잘 적응하며 사업을 영위하고 있고 시니어 인플루언서로 활동을 하는 데 큰 도움이 된다.

만난 지 3개월 만에 결혼

아내를 만난 이야기도 빠트릴 수가 없다. 1991년 결혼 후 32년을 같이 살아온 아내는 항상 미안하고도 고마운 사람이다. 평소 대화도 많고 서로 닮은 듯한 우리 부부의 모습을 보고는 처음 만나는 사람들은 대부분 연애결혼을 했을 거라고 추측을 한다. 하지만 우리는 중매로 만났고 게다가 만난 지 3개월 만에 결혼을 한 인연이다.

첫 만남 이후 결혼까지 전광석화처럼 진전되었던 연애 이야기이다. 내 나이가 서른으로 넘어가기 직전이었다. 1990년 10월 28일이 내가 아내와 첫 선을 본 날이었는데, 그 전날 토요일 오전 근무를 마치고 와서 집에서 쉬고 있는데 같은 동네의 친한 아주머니께서 어머니를 찾아 우리 집을 방문했었다. 당시 어머니는 친척 결혼식 때문에 서울에 가셔서, "무슨 일 때문에 오셨어요?"라고 물으니 내 맞선 자리가 있는데 어머니가 없어서 어떻게 하냐며 걱정을 하시는 것이었다. 그 말을 들은 나는 능청스럽게 "어머니가 없으시면 아주머니하고 저랑 둘이 가면 되죠." 하고 웃으니 그럼 그렇게라도 추진해볼까 하면서 연락을 해보시겠다고 하셨다. 잠시 통화 후 다음 날로 맞선 약속이 정해졌다.

처음 만난 아내의 모습은 키도 크고 날씬했으며 서구적인 미인이었다. 아내와 장모님이 같이 나왔는데 장모님께서 이것저것 물어보시는 말에 자신감 있게 대답을 했다. 고등학교 때부터 이미 많은 대외 활동을 통해서 처음 보는 사람이라도 말하는 것에 거침이 없었다. 그런 면이 장모님께 상당히 좋은 인상을 주었고, 장모님께서 먼저 귀가하신 후 아내와 둘이서 광안리 바닷가에 가시 차를 마시며 이야기를 이어갔는데, 그날 아내는 이야기도 재미있게 하고 자신감 있는 내 모습을 보고 마음이 많이 기울었다고 한다.

당시 내 상황은 아버지께서 가난한 공무원으로 근무하시다가 암 투병으로 돌아가신 터라 남겨주신 유산이 거의 없었다. 홀어머니와 세 명의 동생을 보살펴야 하는 장남이란 처지가 결혼 상대자로는 여러 가지 악조건이었기에 나를 조금 더 적극적으로 자신감 있게 표현할 수밖에 없었던 시기였다. 돌이켜 보면 어느 것 하나 부족함이 없이 자랐던 아내가 내 감언이설에 넘어가서 가난한 집의 맏며느리로 들어왔다는 사실에 항상 미안하다는 생각을 가지고 있다.

장모님의 첫 만남에서 나에 대한 호감은 귀가하셔서 장인과 내 배경에 대해 이야기를 나누고 난 뒤 완전히 사라지게 되었다. 처가에서는 내 조건이 너무 좋지 않다며 우리 만남을 반대하는 쪽으로 선회하였다. 하지만 아내는 이미 나에게 상당히 마음이 기울었고 그날 이후 우리는 몰래 만나서 데이트하는 사이가 되어버리고 말았다.

당시에 내 직장은 동래구에 있었고 아내는 영도구에 위치한 유치원 교사로 근무하고 있어서 퇴근 후에 아내를 만나려면 차로 40분 이상 이동해야 하는 거리였다. 낮 시간에 잠시라도 틈만 나면 몇 번씩 전화를 하곤 했는데 아내를 바꿔달라고 할 때마다 같이 근무하던 선생님들에게 눈치를 많이 받기도 했다. 퇴근 후에는 거의 하루도 거르지 않고 영도로 가서 같이 데이트하는 것이 우리의 일과가 되었다. 어처구니없게도 당시 처가에서 정한 아내의 귀가 통금시간이 저녁 8시였다. 집에 늦게 귀가하면 처가에서 나를 만난다는 것을 눈치 채고 더 강하게 반대할 수가 있어서 데이트 시간은 항상 짧을 수밖에 없었고 그게 늘 아쉬웠다.

그렇게 2개월 가까이 비밀 데이트를 하는 상황이 너무 답답해서 해결 방안을 찾고자 고민하는 모습을 보고 아내가 부모님을 설득해볼 테니 믿고 기다려달라고 했다. 나중에 안 사실이지만 아내는 여러 차례 나를 너무 좋아하고 잘 살 테니 결혼을 허락해달라고 간곡히 이야기하였고, 결국 장인 장모님도 아내의 강경한 태도에 계속 반대하지는 못하였다고 한다. 비록 가난한 집안의 장남으로 보잘 것 없는 나였지만 첫인상이 그다지 나쁘지 않았기에 장인 장모님도 못 이기는 척 나를 마음으로 받아들여주신 것 같다. 무엇보다도 아내의 나를 향한 깊은 사랑이 우리 결혼의 일신공신이라는 것은 평생을 두고도 갚아야 될 고마움이다.

그러던 어느 날 장인과 장모님께서 처이모님께서 운영하시는 철물점으로 놀러 가시게 되었다며 거기서 나를 만나보자는 전갈을 하셨다. 조카가 좋아하는 예비 사위가 있다고 하니 처이모님께서도 같이 한번 보자고 하신 것이다. 확실한 결혼 승낙을 오매불망 기다리고 있던 처지라 즉시 직장 상사께 상황을 말씀드리고 배려를 받아 철물점으로 달려갔다. 아내에게 받은 주소로 찾아가 장인 장모 그리고 처이모님께 인사를 드렸다. 그 자리에서도 최대한 자신감 있게 내 포부를 밝히며 행복하게 살 테니 우리 결혼을 허락해달라고 청하였다. 내 말이 끝나자 처이모님께서는 특유의 걸걸한 목소리로 "이 친구한테 가면 행복하게 잘 살겠구먼. 그냥 결혼을 허락해줘도 되겠네." 이렇게 호탕하게 말씀을 하신 기억이 난다.

장인 장모님도 이미 결혼 승낙을 염두에 두고 계셨기에 처이모님의 응원 말씀이 큰 계기가 되었다.

그날 만남 이후 일이 순조롭게 풀려서 다음 주말에 바로 어머님과 아버지를 대신하신 큰아버지께서 장인 장모님과 상견례를 하셨고, 그 후 한 달이 채 되지 않는 기간에 결혼식까지 일사천리로 진행되었다. 한 달도 남지 않은 시간 안에 결혼식장 예약부터 피로연 준비, 신혼집 구하기, 살림 준비하기 등 모든 것을 다 준비할 수 있었던 것은 지금 생각해봐도 너무 신기하다. 가구와 살림 준비는 장모님과 아내가 맡았지만 나머지는 거의 전부 내가 준비해야 했기에 그야말로 하루하루가 눈코 뜰 새 없이 바쁜 일정이었다. 하지만 평소 친구들과 만남을 좋아해서 주위에 도와주는 친구들이 많았기에 모든 것이 순조롭게 진행되었던 시간이었다. 특히 신혼집을 구할 때 친구 누님께 찾아가 근처에 살고 싶으니 집을 좀 찾아달라고 했을 때 누님이 직접 나서서 근처에 전세를 내놓은 지인 집을 소개해 단번에 신혼집을 계약하게 된 것은 지금 생각해봐도 신기한 일이다. 덕분에 그 집에서 5년을 주인 가족과도 친하게 살다가 아파트를 마련해 이사를 하였다. 장인께서는 내 경제 사정이 집을 구할 정도로 넉넉하지 못하다는 것을 미리 파악하시고 전세금 거의 전부를 지원해주셨는데 그만큼 우리를 믿어주셨고 사랑이 지극하셨기에 당신의 부재 상황이 더욱 안타깝고 그립다.

첫 만남 후 3개월 만에 일사천리로 진행된 결혼 생활인지라 신혼여행을 다녀온 어느 날 퇴근 후 만나 부산 서면 거리를 걸으면서 데이트를 하고 있었는데 문득 '이 사람이 정말 내 애인이고 이게 진정한 데이트이구나.'라는 생각이 비로소 들었다. 더 이상 숨어서 데이트하지 않아도 된다는 사실을 뒤늦게야 깨닫고 너무 행복했다. 비록 아무것도 가진 것이 없는 나였지만 가능성 하나를 믿고 결혼해준 아내에게 평생 변치 않는 사랑을 이어나갈 것을 약속했고 지금도 그 마음은 그대로이다. 그리고 나를 받아주신 장인 장모님께 수십 년이 지났지만 다시 한 번 감사의 말을 전하고 싶다.

　안타까운 것은 아버지께서 일찍 돌아가신 탓에 장인을 친아버지처럼 모시고 즐겁게 해드리며 살고 싶었는데 장인께서는 우리 딸이 태어난 다음 해에 지병으로 일찍 돌아가셔서 큰 한으로 남는다. 장인 장례식에서 그 빈자리가 너무 커서 계속 울고 있으니 주위 친지들이 장인 사랑이 얼마나 컸으면 저렇게 서럽게 울고 있냐고 말씀을 하실 정도로 장인에 대한 그리움이 컸다. 가끔 장모님과 통화를 하면서 우스개 농담을 하곤 한다. "30여 년을 살아오면서 우리 부부 싸웠다는 이야기 어머니 귀에 한 번도 들어간 적이 없으니 우리 정말 잘 살아온 것 맞죠?" 그러면 장모님께서는 껄껄 웃으시면서 "그래, 아직까지 도연이가 이 서방 험담 한 번

하지 않으니 니들이 제일 잘 사는 거 같다"고 말씀해주신다. 어찌 우리 부부라고 살면서 언성이 높아진 적이 없었겠나? 하지만 잠시 말다툼이 있더라도 가능한 한 빠른 시간 안에 사과하고 화해하려고 노력했던 세월이 쌓여서 나이가 들어 코를 심하게 골며 자는 지금도 같은 침대를 마다하지 않는 부부로 사는 게 아닐까?

평생의 멘토를 만나다

1998년 부산에서 다니던 직장에서 독립하여 삼차원 측정기 분야의 사업을 하고 있을 때 나는 서면 영광도서 서점에 자주 들렀다. 당시 주 관심사는 물질적인 투자 없이 지식만으로 부를 이루는 방법에 대한 것이었다. 필요한 정보를 대부분 책을 통해서 구하는 습관이 있던 나는 관련 코너에서 책들을 찾아보다가 우연히 아주 자극적인 제목을 발견하였다. 『정보 거래로 큰돈 버는 법』이라는 책이었다.

책 제목이 주는 매력에 이끌려 목차까지 훑어보니 당시 내가 관심을 두고 있었던 인터넷 비즈니스 모델에 관련된 책이었다. 인터넷이 대중에게 활성화되면서 기존과는 다른 새로운 형태의 비즈니스 모델들이 생겨나고 이를 통해서 부를 획득할 수 있는 시대가 왔다는 것을 해외 사례를 들어서 서술한 책이었다.

　책을 만난 그해 나는 '인터넷 정보검색사' 자격증을 취득하여 주위 사람들에게 자칭 인터넷 전도사라고 광고하고 다니던 시절이라 내용이 더욱 매력 있게 다가왔다. 일단 그 책을 구매하기로 결정하고 다른 책들을 찾다 보니 저자가 같은 『정보 브로커』라는 책도 내 눈에 발견이 되었다. 두 권의 책이 모두 마음에 들어 책값을 계산하고 빠른 걸음으로 집으로 돌아왔다. 내용이 궁금해 한시라도 빨리 읽어보고 싶었기 때문이다.

　책을 읽어나가는 동안 내용 하나하나가 가슴 깊은 곳으로 다가오는 공감이 있어 밥도 제대로 먹지 못하고 새벽까지 두 권을 단숨에 완독했다.

그 안에 있는 책 내용도 좋았지만 평소 관심 있는 지식을 통해 부를 획득하는 안내서가 바로 이것이라는 확신이 있었기 때문이다. 다음 날 아침 출근 시간이 되자마자 출판사로 직접 전화를 걸어 작가를 만나보고 싶다고 말을 하였다. 지금 생각해봐도 상당히 저돌적이었고 한편으론 어처구니없는 행동이었다는 생각도 든다.

책이 마음에 든다고 다음 날 아침 일어나 저자를 직접 만나야 되겠다는 생각으로 출판사에 전화하는 상황 자체가 얼마나 우스운가? 그런데 전혀 예상 밖의 대답이 내게 전해졌다. 작가와는 연락이 되지 않아 만날 수가 없다는 것이었다. 잠시 당황했지만 출판사가 작가와의 만남을 연결시켜주지 못한 것에 굴하지 않고 나는 책에 나온 내용을 추적하여 작가와의 연결점이 될 만한 회사를 찾아가기로 결정했다. 책 내용 중에 나오는 한국정보거래라는 회사를 통해 작가를 만날 수도 있겠다는 생각에 그 회사 대표와 전화로 약속을 하고 비행기를 타고 서울로 향했는데 머릿속에는 어떻게 해서라도 작가를 만나보고 싶다는 생각밖에 없었다.

그러나 그 회사의 대표를 만나자마자 든 생각은 작가를 만나게 해줄 사람이 아니라는 것이었다. 사업을 하면서 많은 사람을 만났던 관계로 그 대표와의 짧은 만남을 통해서 이미 저자와는 좋지 않은 관계로 돌아섰다는 것을 알았고 나를 단지 자기 회사의 유료 회원으로 가입시키려는 의도로 만나줬다는 사실에 시간만 낭비했다는 생각이 들었다. 그 당시 내 열정으로는 작가와의 직접 만남이 가능했다면 그가 제안한 회원 가입비 300만 원도 지불했겠지만 실망감만 안고 부산으로 다시 돌아왔다.

이후에도 작가를 만나보고 싶다는 열망은 쉽게 수그러들지 않았으나 현실적으로 만날 수 있는 방법을 더 이상 찾지 못해 잠시 작가와의 만남은 접어두고 그 책을 다시 읽으면서 어떻게 하면 정보 거래로 부를 이룰 것인가에 대해 고민하는 시간을 이어갔다. 측정기 사업을 하면서 또 다른 지식 사업에 대해서 구상을 하며 사업 계획을 세우던 단계에서 우연히 PC통신 천리안을 통해서 신기한 메일을 받았다. 그때까지는 스팸 메일이란 말이 채 알려지지 않았기에 불법 복제 CD 같은 제품을 파는 사람들로부터 메일을 받는 게 전혀 이상한 시절이 아니었다. 그런데 이게 웬일인가 우연히 도착한 메일을 읽다 보니 그 내용이 내가 그토록 만나기를 원했던 작가의 책에 나온 것들과 너무 유사한 부분이 많았던 것이다.

다행히 메일 끝부분에 연락처가 있어 즉시 연락을 해봤다. 전화를 받는 사람에게 물어보니 자신이 저자와 관련된 사람이 맞고 저자가 직접 나와서 진행하는 세미나를 홍보하고 있다고 했다. 1998년 9월 26일 토요일 오후 6시 서울 르네상스 호텔에서 정보 브로커 첫 세미나가 있다는 말을 전했다. 작가를 만나보고 싶다는 염원에 전화 통화가 끝나자마자 즉시 세미나 참가비를 입금하였고 행사일이 빨리 오기를 애타게 기다렸다. 세미나 당일 일찍 서울로 올라가 역삼동 르네상스 호텔까지 단숨에 달려갔다. 저자가 직접 나와서 중간 휴식시간도 없이 4시간 동안 이어진 열정적인 강연에서의 감동은 책을 읽었을 때와 그대로 이어졌다.

나뿐만 아니라 그 자리에 참석한 50여 명 중 대부분이 잠시 화장실이라도 다녀오고 싶어도 그 사이에 혹시 중요한 정보를 놓칠지도 모른다는 생각에 자리를 뜨지 못하고 4시간 동안 집중해서 강의를 들었던 것으로 기억한다. 강연을 마치고 정보중개인클럽 회원에 가입하면 저자와 수시로 만날 수 있고 이후에 정보 거래 사업에도 같이 참여할 수 있다는 안내를 받고 한 치 망설임 없이 회원 가입 신청서를 쓰고 회비 납부까지 마쳤다. 세미나가 끝난 후 사회자가 별도로 스위트룸을 예약하여 저자와 다과회를 준비했으니 가입 회원 중 시간이 되는 사람들은 참석하라고 안내하였다.

그날 점심 식사도 제대로 못 한 터라 급히 저녁식사를 마치고 안내된 룸으로 올라가니 이미 십여 명의 회원들이 한식 스위트룸 바닥에 방석을 깔고 앉아 이야기를 나누고 있었다. 모든 면에서 적극적인 성격 그대로 그날도 남들이 주저하던 저자 바로 옆자리에 앉았고 이야기는 새벽까지 이어졌다. 그동안 저자가 어떻게 살아왔는가에 대한 무용담 같은 이야기들과 함께 새로운 비즈니스 모델에 대해서 많은 이야기들이 오갔다. 다과회 중간에 참석자들 각자 소개하는 시간이 있었는데 내가 부산에서 사업을 하고 있는데 저자의 책을 읽고 크게 감명 받아 출판사에 연락도 하고, 저자를 찾기 위해 직접 서울까지 왔다 간 적이 있었다는 이야기를 하니 작가와 회원들이 다들 대단한 열정이라고 말했다.

세미나에서 큰 감동을 받고 부산에 내려와 정보 중개인 비즈니스를 어떻게 구현할까 한창 고민하고 있던 중 저자로부터 전화를 받았다. 그날 스위트룸 다과회에서 내가 한 말과 적극성이 무척 마음에 들었다고 하면서 부산과 경남 지방을 관할하는 책임자로 같이 일을 해보자는 제안이었다. 나로서는 전혀 망설일 이유가 없었기 때문에 그 자리에서 승낙을 했고, 부산 경남 지부장으로서 어떤 일을 해야 하는지 물어보았다. 저자는 서울에서 한 차례 더 세미나를 하고 난 후 대구에서 3차 세미나를 할 예정이라고 하였다. 그러면서 내 지역인 부산에서도 사람을 모아 세미나를 준비해줄 수 있겠냐는 제안을 하였다.

직접 사람을 모아서 큰 세미나를 해본 경험이 없었기 때문에 처음에는 잠시 망설였으나, '그래! 그까짓 것 한번 해보면 되지.'라는 생각에 행사를 준비해보겠다고 약속을 해버렸다. 4회 세미나 일정까지 한 달도 채 남지 않았기 때문에 낮에 업무를 보면서 그 행사를 준비한다는 것이 쉽지만은 않았다. 우선 장소 예약부터 해야 했는데 세미나 성격에 맞추어 이전의 세미나와 비슷한 등급의 장소가 필요해서 부산에서는 가장 좋은 서면 롯데 호텔을 세미나 장소로 정했다. 그리고 평소 나와 친분이 있었던 사람들을 모아서 정보중개인클럽의 설립 취지를 설명한 후 회원 가입을 시키고 그 중 좀 더 적극적인 사람들에게는 행사 준비에 협조를 부탁하기도 했다.

그중 가장 기억에 남는 분은 다도(茶道)를 배우기 위해서 3개월 동안 평생 대학원에 다닐 때 강의를 해주셨던 류정자 교수님이다. 이분께서는 심리학을 전공하신 미술치료 전문가셨는데 사업에도 매우 수완이 좋아서 어린이용 만화영화를 제작하는 프로덕션도 경영하고 계셨다. 다도의 연으로 만나서 좋은 차를 마실 기회를 얻은 후 교수님께 컴퓨터와 인터넷 사용에 관련된 부분을 도와드리면서 좋은 인연을 이어가고 있던 사이였다. 류 교수님께 세미나 과정을 전부 녹화해달라고 요청을 드렸고 주위에 우리 세미나를 좋아하실 만한 분들도 추천해달라고 부탁도 하였다. 교수님이 평소 나에 대해서 호감을 가지고 있던 터라 세미나 녹화뿐만 아니라 주위 지인분들을 많이 소개해주셨다.

세미나 녹화 원본은 지금도 비디오테이프로 소장하고 있는데, 25년 전 내가 멘토님을 책과 강의를 통해 처음 만난 시절의 기록이라 나뿐만 아니라 멘토님께도 큰 추억의 산물이다. 이후에도 많은 세미나가 있었지만 내가 진행한 세미나 때처럼 비디오 녹화물로 기록하는 일이 없었기 때문이다.

부산에서의 4회 정보중개인클럽 세미나를 성황리에 마치고 이후부터는 모든 전국 세미나에서 집행부로서 역할을 해나가기 시작했다. 가입된 회원들의 모든 DB를 관리하면서 실제적으로 회원 관리와 행사 기획까지 담당하는 운영총괄 역을 맡아 일을 했다. 저자 직강 세미나의 형식으로 이어진 세미나에서 정보중개인클럽의 회원들이 신속하게 늘어났고, 채 1년이 되지 않아 회원 수가 수백 명에 이르게 되었는데, 회원 명부를 보면 대학생부터 직장인, 사업가까지 정말 다양한 분야에 회원들이 있었다. 공무원과 대학교수들도 멤버로 합류하기도 하였다.

매월 이어진 세미나와 오프라인 모임을 하면서 지식정보 중개에 대한 규칙도 만들고, 정보중개인클럽 활동을 체계화시키는 작업도 동시에 해나갔다. 회원 간에 비즈니스 정보를 중개하면서 실제적인 수익을 실현하는 케이스도 간간히 보고되기도 하였다. 그러던 중 우리 정보중개인클럽에 큰 변화가 있었다. 그 시기는 국내뿐만 아니라 전 세계 벤처기업 투자 열풍이 불어닥쳤고 우리 클럽에도 큰 영향을 미친 것이다. 한국정보중개인클럽 회원들이 기반이 되어 엔젤 투자 그룹으로 발전하였다. 이 투자 그룹은 99년 초부터 2000년 초반까지 비상장 벤처주식 거래 시장의 주역으로 활동을 하였다.

작가와 독자로 인연이 시작된 정보중개인클럽의 리더이자 멘토님은 이전에 한국에서 가장 큰 컴퓨터 유통회사와 소프트웨어 판매 회사를 경영한 경험이 있다. 때문에 벤처 열풍이 불어닥칠 때 유명한 성공 벤처기업인들 중 '한글과 컴퓨터'의 이찬진, 'V3 백신'의 안철수, '옥소리 사운드 카드'의 김범훈, '엔씨소프트' CEO가 된 김택진 등 많은 IT업계 대표들이 멘토님과 직간접적으로 인연이 있었다. 엔젤 클럽과 함께 ○○스톡이라는 비상장주 거래회사를 설립하여 운영할 때 투자금이 필요한 수많은 벤처회사 대표들이 멘토님을 만나기 위해 줄을 서서 기다린 것은 우리나라 초기 IT기업의 산파 역할을 한 멘토님의 경력과 인맥이 크게 작용했다고 할 수 있다.

당시 벤처 투자 열기가 너무 강했기에 당연한 현상이기도 했지만 정보중개인클럽도 벤처기업 형태로 탈바꿈하여 '한국정보중개주식회사'라는 법인으로 운영되었다. 다만 개인적으로 안타까운 것은 벤처투자 버블이 사라지면서 법인화된 한국정보중개주식회사도 당초 설립 취지를 이어가지 못하고 정리가 되어버렸다는 것이다. 당시 나 또한 투자를 받아 인명정보와 헤드헌팅을 전문으로 하는 '애니피플'이라는 회사를 설립하여 운영하였으나 벤처 투자의 열기가 식으면서 어쩔 수 없이 일찍 사업을 정리할 수밖에 없었다. 투자 열풍이 가신 후 많은 사람들이 금전적인 손실을 많이 보기도 해서 회원들 간의 아픔과 갈등을 딛고 재편해서 다시 활동하기에는 어려운 상황이었다. 그러나 나와 멘토님의 개인적인 인연은 앞에서 이야기할 나폴레온 힐 관련 사업 이후에도 계속되어 25년 동안 이어져오고 있다. 멘토님과의 만남을 돌이켜보면 수많은 사람들이 멘토님 주변에 왔다가 사라졌다. 가끔 멘토님은 주위 사람들에게 나에 대해서 이야기를 할 때가 있다. 25년 동안 변치 않고 유일하게 당신 곁에 남아 있는 친구라고. 나도 멘토님과의 관계에 대해서 생각을 해본 적이 있다. 왜 당신 곁에 머물며 살고 있는 걸까? 나는 멘토님의 끊임없는 탐구 정신과 식지 않는 열정이 좋아서 곁에 남아 있으며 당신과 이야기를 나누면 강한 동질감을 느끼며 열정의 기운이 그대로 전파되기에 평생 멘토님과 같이 보폭을 맞추며 걸어가고 싶다.

나의 보물 1호

나에게는 보물 1호라고 자랑하는 책이 한 권 있다. 『Think and grow rich 생각하라 그러면 부자가 되리라』라는 미국 나폴레온 힐이 저술한 책의 원서인데 이 책이 어떻게 인연이 되어 내게 와 있는가 하는 것이 아래에서 이야기할 내용이다.

2003년 일이다. '애니피플'의 폐업 후 새로운 비즈니스를 찾아 고민하던 시기에 데일 카네기센터의 리더교육과정을 이수한 후 교육 사업에 도전해봐야 되겠다는 강한 의지가 생겼다. 대형서점을 찾아다니면서 관련 서적을 읽으면서 어떻게 하면 교육 분야에서 사업을 시작할 수 있을지

시장조사를 하였다. 그러다 우연히 나폴레온 힐이 저술한 도서들을 읽어보고 큰 감명을 받았었다.

나폴레온 힐은 1883년 미국 버지니아에서 출생하였다. 청년 기자로 활동하던 1908년에 미국 내에서 가장 유명한 기업가 중 한 명인 철강왕 앤드류 카네기와 인터뷰를 하면서부터 그의 이야기가 본격적으로 시작된다. 인터뷰가 끝난 뒤 앤드류 카네기는 나폴레온 힐에게 "평생 성공한 사람들의 공통적인 특징들을 찾아서 성공철학을 완성시켜보지 않겠느냐? 하지만 이를 위해 어떠한 보수도 지불하지는 않을 것이다."라는 제안에 단 29초 만에 큰 망설임 없이 승낙을 했다는 게 두 사람 간의 일화로 남아 있다. 그 제안을 했을 때 앤드류 카네기는 초시계로 시간을 체크하고 있었고, 그 이전에 같은 제안을 받은 약 250명의 사람들은 모두 1분 안에 답을 하지 못하였다고 한다.

카네기에 의해 후보로 선택된 나폴레온 힐은 그의 저택으로 초대를 받아서 3일간 카네기 회장이 생각하는 성공철학의 개요에 대해서 설명을 듣게 된다. 그날 이후 나폴레온 힐은 카네기의 말대로 보수는 받지 못했으나 그가 추천해준 발명왕 에디슨, 포드자동차 설립자 헨리 포드, 찰스 슈왑, 마샬 필드, 윌리엄 듀런트, 월터 크라이슬러 등 당대의 유명한 CEO와 지도자들을 차례대로 만나 인터뷰를 하는 것으로 그의 성공철학에 관한 연구가 시작되었다.

약 20년 가까운 연구 끝에 나온 나폴레온 힐의 첫 저서는 바로 『성공의 법칙 Law of Success』이다. 『성공의 법칙』은 그가 20년간 인터뷰한 성공한 사람들에게서 나타나는 공통적인 특징들을 찾아서 상세히 서술한 것이었다. 이후 나폴레온 힐은 성공과 관련된 강의와 저술 작업을 지속적으로 하면서 평생을 바쳤고, 한때는 월슨 대통령과 루즈벨트 대통령의 고문을 역임하기도 하였다.

내가 처음 나폴레온 힐의 책을 보고 큰 감명이 있었던 것은 대학 시절에 읽었던 『긍정적 사고방식』이라는 노먼 V. 필 목사의 책이 있었는데, 나폴레온 힐의 책에서 가장 강조하는 철학이 PMA, 즉 Positive Mental Attitude 긍정적 사고방식이라는 것을 발견했기 때문이다. 노먼 필 목사의 책 내용 중 지금도 기억나는 부분이 있다. 어떤 사람들이 운동을 하고 방으로 들어왔는데 방 안에는 누군가 따라 놓은 맥주 반 컵이 있었다.

그것을 본 한 사람은 "누가 맥주를 반이나 마셨어?" 하는 사람이 있었는가 하면 또 다른 사람은 "누가 나를 위해 맥주를 반 컵이나 남겼지?"라고 말한 사람이 있었다고 한다. 이 경우 어떤 사람이 맥주를 더 맛있게 마셨을까? 다들 예상대로 정답은 후자이다. 이것이 노면 필 목사가 강조하는 긍정적 사고에 대표적인 사례라고 할 수 있다.

대학 시절 그 책을 읽고 큰 감동을 받았고 나도 가능하면 적극적이고 긍정적인 방향으로 살아가려고 노력을 했었다. 그런데 나폴레온 힐과 노면 필 목사가 살아왔던 시기를 비교해보니 노면 필 목사가 나폴레온 힐의 영향을 받아서 그 책을 쓴 것이라는 것을 추론할 수 있었다. 이 때문에 나폴레온 힐이 자기계발과 성공철학의 원조일지도 모른다는 생각을 가지고 접근했던 것이다. 나폴레온 힐과 관련된 도서를 여러 권 읽고 인터넷에서 자료 조사를 한 결과 내 예상은 크게 벗어나지 않았다. 물론 나폴레온 힐 이전에도 성공철학에 대해서 연구한 사람이 있을지도 모른다. 하지만 내가 찾은 자료 안에서는 적어도 이 분야에 대해서 가장 체계적으로 정리를 하고 제일 유명한 사람이란 것을 알았다.

그래서 멘토님과 협의하여 나폴레온 힐과 관련된 자기계발 교육전문 회사를 만들기로 하였다. 우리는 '한국나폴레온힐성공전략연구소'라는 이름의 법인을 설립하고 제일 먼저 미국에 있는 나폴레온 힐 재단과 접촉을 시도하였다. 나폴레온 힐의 성공철학을 기반으로 한국에서 교육 프로그램을 만들려면 먼저 라이선스 계약이 필요했기 때문이다.

이메일과 전화로 재단 측과 미팅 일정을 협의한 후에 미국 동부에 있는 나폴레온 힐 재단을 방문하였다. 내가 방문할 당시 Perdue 대학 내에 나폴레온 힐 교육센터가 있었고, 그의 성공철학이 정식 교양과목으로 운영되고 있었다. 미국에서의 나폴레온 힐 프로그램은 그의 저서나 프로그램 내용을 강의 형태로 교육하기도 하지만 자가 학습하는 것을 강조하는 형식이었다. 출장 기간 중 재단에서 실시하는 프로그램 체험도 하고 관련 인사들과 수차례 미팅 후 최종적으로 교육 프로그램에 대한 라이선스와 나폴레온 힐 저서 중 국내 출판이 되어 있지 않은 두 권에 대해서 저작권 계약까지 하고 귀국하였다.

한국나폴레온힐성공전략연구소는 본격적인 교육 프로그램 개발 과정에서 내부 사정으로 본격적인 나폴레온 힐 관련 교육 사업까지는 확대되지 못했지만 약 1년 반 동안 예비 강사 양성 프로그램인 '마스터 마인드 그룹' 활동부터 당시에 유행했던 키워드인 부자라는 테마로 '부자로 가는 길'이란 강의를 시리즈로 실시했던 성과가 있다. 특히 내가 약 1년의 준비 과정을 거쳐서 제작했던 한국형 투자 교육용 보드게임 '머니프리'는 교육 사업을 중단한 이후에도 후배들에 의해서 교육용 자료로 오랫동안 활용되기도 하였다. 그리고 그의 저서 중 한 권인 『Success Through a Positive Mental Attitude』는 우리가 직영했던 '도전과 성취'라는 출판사를 통해 『행동하라! 부자가 되리라』라는 이름으로 출간을 하였다.

내가 살아온 인생 여정에서 교육 사업에 전념했던 기간은 비교적 짧았지만 이후 내 인생 전반에 큰 영향을 미쳤고 아직도 나폴레온 힐은 나에게 커다란 스승으로 남아 있다.

이 이야기의 서두에 언급했던 책은 미국 나폴레온 힐 재단에서 라이선스 계약 후 한국 파트너에게 주는 선물이었다. 그 책 안에는 1970년 별세한 나폴레온 힐이 생전에 직접 서명한 사인이 있어 출간된 후 최소 50여 년의 세월을 간직한 책이다. 20년 전 우연히 서점에서 발견한 책 한 권을 통해서 세월을 거슬러 만난 인연이 지금까지도 내 인생에 크나큰 영향을 주고 있는 스승이기에 그의 자필 사인이 있는 이 책은 나에게는 가장 의미가 있는 보물이다.

사랑은 영원하네

10여 년 전에 성당에서 성가대 활동을 할 때 일이다. 어느 날 내 대부님 딸의 결혼식에 참석한 적이 있는데 장소는 압구정동 성당이었다. 결혼식 축가가 있었는데 대부님과 친구분들이 4중창으로 노래를 부르는 모습이 너무 부러운 모습으로 다가왔다. 그날 이후로 나도 딸이 결혼할 때는 꼭 직접 축가를 불러 줘야겠다는 다짐을 하였다. 당시엔 성당 성가대 활동을 하고 있었기에 당연히 딸 결혼식에 축가는 성가대 단원들이 와서 불러주리라고 생각을 했었다. 나중에 성가대 활동을 중단하고 몇 년간 노래를 쉬다가 합류한 '고양시 남성 합창단'에서는 자녀의 결혼식 날 단원들이 참석하여 축가를 부르는 전통이 있었다.

2019년 10월 5일 딸이 결혼할 때도 당연히 단원들의 축가 지원이 있었는데 그날의 감동은 지금도 잊을 수 없다. 예식 장소가 서울 중림동 약현성당이었는데 이곳은 명동성당만큼 오래된 성당이고 드라마 〈열혈사제〉의 촬영지로도 유명해 많은 천주교도 예비 신혼부부들이 꿈꾸는 결혼식 장소이기도 하다. 그만큼 경쟁률도 매우 높아서 원하는 날짜에 맞추어 결혼식을 하는 것은 결코 쉽지 않은 장소이다. 딸은 운이 좋게 자신이 원하는 10월초 주말에 결혼식을 예약할 수 있었다. 결혼식 날이 우리 합창단 정기 연주회 바로 다음 주 토요일이어서 1년 중 단원들이 가장 좋은 소리를 내는 시기이기도 해 여러 가지로 운이 좋았다. 정기 연주회를 앞두고 집중 연습을 한 덕분에 단원들의 목소리가 아주 잘 다듬어져 있기 때문이다. 결혼식에 우리 합창단 절반 인원인 무려 33명이 참석을 해서 축가를 불러주었다. 일반인의 결혼식에서 수십 명이 와서 4성부 합창으로 축가를 불러주는 그런 모습은 쉽사리 볼 수 없는 광경이라 생각한다.

특히 내 딸의 결혼식에는 다른 단원들의 결혼식보다 훨씬 많은 사람들이 참석하였고 더구나 노래의 울림이 좋게 설계된 성당 안에서 '사랑은 영원하네'라는 곡이 울려 퍼질 때 그 자리에 참석한 많은 하객들이 감동의 눈물을 흘렸다. 혼주인 나도 합창단과 같이 노래를 불렀는데 평소 눈물이 많은 내가 딸아이의 얼굴을 보면 눈물이 흘러 도저히 노래를 못 부를 것 같아 합창하는 내내 딸의 모습을 외면한 채 다른 곳에 시선을 두고 노래를 불렀던 기억이 있다.

<고양시 남성합창단 결혼식 축가>

하객 중 한 분이 축가 부르는 장면을 녹화하여 유튜브에 올려주었는데 그 장면을 수십 차례 보고 또 봐도 볼 때마다 감동스럽고 축복받은 자리였다. 평소 합창단의 단원으로 노래하고 사는 것 자체도 큰 행복인데, 집안의 큰 경사에 많은 선후배들이 같이 축가를 불러줄 때 그 행복감은 무엇과도 비교할 수가 없다.

나는 가끔 행복에 대해서 이야기할 때 합창에 대한 이야기를 하곤 한다. 예전에 읽은 책 중 영국의 한 작가가 인생을 살아가며 얻을 수 있는 대표적인 행복 다섯 가지에 신앙, 독서, 파티, 댄스, 합창이 있는데 그 중에서 가장 큰 행복이 합창이라고 하였다. 합창은 절대 혼자서 하지 못하기 때문에 다른 행복 요소들보다도 훨씬 더 큰 의미를 가지고 있다고 한다. 오랜 기간 성가대와 합창단에서 노래를 하고 있는 나의 경험을 토대로 독자 여러분께도 망설이지 말고 근처의 합창단을 찾아가서 같이 노래해보라고 추천하고 싶다. 전문 합창단이 아니라면 대부분의 합창단은 노래를 좋아하는 사람이면 누구나 환영하는 게 일반적이다. 여러분의 열정과 부지런함만 있으면 쉽게 행복을 누릴 수 있는 게 합창이다.

무조건 행복하게 삽시다

인생에는 여러 가지 길이 있다. 내가 선택한 길에 최선을 다하면 된다고 생각한다. 평소 아이디어 내기를 좋아하고 여러 가지 분야에 관심이 많은 나는 젊었을 때 각종 분야에 대해서 짧게는 3개월 길게는 수년간 공부나 도전한 것들이 셀 수 없이 많다. 한때는 어울리지 않게 보석 감별에 대해 공부할 때도 있었고, 속기, 속독을 공부한 기억도 있다. 골프도 실전에 앞서 책으로 먼저 경험했고, 목공에 빠져서 퇴근 후에 공방으로 가서 한 달간 나사나 못을 하나도 쓰지 않은 큰 테이블을 만드는 작업을 한 적도 있었다.

그 외에도 와인, 드론, 젬베, 기타, 하모니카, 아두이노, 전자제품 수리 등 많은 것이 있었지만 대부분은 단기간에 관심 밖으로 멀어져갔었다. 옆에서 지켜보던 아내가 그렇게 하고 싶은 게 많냐며 핀잔을 준 적도 많았다. 하지만 내가 시도한 여러 가지 중에서 수영과 노래가 좋아서 시작했던 합창단 활동은 지금도 지속적으로 이어지고 있으니 어떻게 보면 나의 오지랖 넓은 도전은 인생을 통해 꾸준히 함께할 수 있는 취미를 찾아가는 하나의 행보가 아닌가 싶다.

차박 캠핑 또한 마찬가지다. 코로나 때문에 시작된 차박 캠핑이었지만 3년째 꾸준히 하고 있고 지금은 캠핑카를 준비해서 매주 혹은 격주로 아내와 함께 여행을 다니고 있으니 이 또한 이제는 인생 취미가 된 것이 아닌가 싶다. 많은 사람들이 꿈꾸는 여행도 나와 아내에게는 그냥 마음만 먹으면 즉시 출발할 수 있는 습관이 되었으니 얼마나 좋은가. 이러한 관심사 때문에 지금 메타버스와 유튜브에서 인플루언서로 활동을 하고 있지만 이 또한 언제까지 이어질지 나 자신도 확신할 수 없다. 하지만 평소에 조금이라도 더 젊게 살기 위해서 노력하고 있기에 젊은 세대들이 관심을 가지고 있고 그들이 열심히 활동하는 공간에서 나도 그들과 함께하고 있다는 그것 하나만으로도 큰 의미가 있다.

그래서 한동안 인플루언서로 활동은 계속될 것 같다. 나는 항상 나의 인생을 응원한다. 여러분 우리는 행복을 위해서 삽니다. 무조건 행복하게 삽시다!

머신비전과 인공지능

여기서 잠깐 내가 하는 사업에 대해서도 잠깐 언급을 하고 지나가는 게 이야기 진행에 도움이 될 것 같다. 나는 '머신비전(Machine Vision)'이라고 하는 분야의 사업을 하고 있다. 머신비진은 산업용 카메라와 영상처리 알고리즘으로 자동화된 공장에서 생산되는 각종 제품들의 불량을 분류해내는 기술이다. 우리나라는 세계 10대 선진국의 반열에 올라 있고 반도체, 자동차, 휴대폰, 전자제품 등은 세계적으로도 최고 제품으로 인정받고 있다.

이에 따라 국산 제품의 생산 과정에서 품질을 관리하는 수준은 현장에서 일하는 분들의 입에서는 악랄하다는 표현이 나올 만큼 엄격하게 관리되고 있다. 특히 우리나라를 대표하는 제품들을 생산하는 공장에서는 1PPM, 즉 백만 개 중에 한 개도 불량이 나와서는 안 된다는 목표로 관리되고 있는 게 현실이고, 만약 한 개라도 불량이 나오면 부품을 생산한 회사의 담당자들은 그에 대한 차후 대응 방안 제출과 함께 클레임 비용까지도 부담을 해야 하기 때문이다.

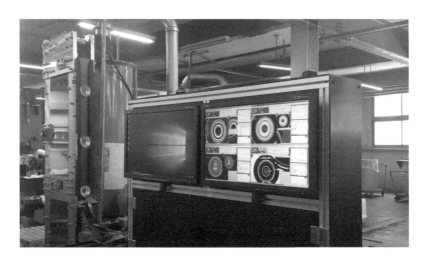

호연지재 머신비전 검사시스템 설치 현장

그러다 보니 다른 분야보다도 좀 더 일찍 AI 인공지능 기술이 접목되기 시작했다고도 볼 수 있다. 인공지능 알고리즘이 도입되기 전에는 기술적으로 해결이 되지 않아 자동으로 불량 여부를 검사하지 못하고 사람들에 의한 육안 검사에만 의존하고 있었다. 대표적인 사례는 제품 표면에 보이는 얼룩이나 스크래치 같은 것을 검출해내는 것이다. 제품 표면의 얼룩이나 스크래치 불량은 기존 영상처리 기술로는 검출이 쉽게 되지 않았는데 인공지능 딥러닝(Deep Learning) 기술에 의해 대부분 가능하게 되었다.

이처럼 내가 하는 사업이 나름 첨단 분야이고 항상 선도적인 기술을 요구하기에 새로운 트렌드나 기술에 대한 호기심은 수십 년 동안 이 분야에서 일한 나로서는 당연한 것이 아닌가 한다. 한 걸음 더 나아가 새로운 기술에 적응하지 못하면 우리 분야에서는 바로 도태되어 퇴출 대상이 되어버린다. 대생적으로 새로운 제품에 관심이 많은 얼리 어댑터이고 새로운 지식이나 기술에 적응하는 것을 두려워하기보다 오히려 즐기는 내 성격이 10년간 사업을 이어온 큰 동력이 되었다는 것을 인정하지 않을 수 없다.

여담이지만 메타버스를 영어 Meta-Bus로 오해하는 사람들도 꽤 있다는 것을 잘 안다. 정확히 이해하자면 메타버스(Metaverse)는 가상이란 뜻의 Meta와 세계라는 뜻을 가진 Universe의 합성어이고 '현실에서의 상호작용을 가상공간에서 구현한 여러 가지 형태나 콘텐츠'를 말한다. 내 사무실이 위치한 고양시는 방송 영상 콘텐츠 특화도시라서 관련 회사들이 많다. 몇 년 전부터 주변에서 VR, AR 분야의 사업을 하시는 사장님들과 모임에서 만날 때마다 앞으로 메타버스가 주류가 되는 세상이 올 거라고 이야기하는 것을 여러 차례 들었다. 평소 온라인 게임과 좀 더 친숙했더라면 이런 말을 들었을 때 좀 더 적극적으로 반응을 했을 텐데 그다지 게임을 좋아하지 않았기에 '아, 그럴 수도 있겠구나.'라는 막연한 생각만 하고 무심코 지나쳐버렸던 부분이었다. 하지만 우연한 기회에 이프랜드 인플루언서인 이프렌즈로 선정된 것이 좀 더 메타버스 시장 상황에 대해서 공부를 하는 계기가 되었다. 그래서 메타버스와 유튜브에서 인플루언서로 활동을 하면서 다양한 젊은 층들과 교류하면서 나 자신도 좀 더 젊은 생각을 가지고 살아가는 원동력이 된다고 할 수 있다.

## 2장

나 는 시 니 어
인 플 루 언 서 다

나같이 나이 먹은 사람도 뽑아줄까?

어느 날 평생의 멘토로 모시는 분께 전화가 왔다. 이분의 특징은 항상 안부 인사는 생략한 채 바로 본론으로 들어가신다는 거다. "너 메타버스에 대해 들어봤냐?"라는 질문이었다. 주위에 AR, VR 관련 사업을 하는 분들이 있어 메타버스가 무엇인지는 잘 알고 있다고 하니 "이번에 SKT에서 메타버스 앱을 만들었다고 해서 들어가봤는데 이게 너같이 사람들을 잘 사귀고 대화하기 좋아하는 사람에게 잘 어울릴 것 같으니 한번 경험해봐라." 이런 통화였다.

나의 대표적인 특징은 누군가 호감이 있는 제안을 하거나 하고 싶은 것이 있었을 때 크게 망설이지 않는다는 것이다. 일단 먼저 시도해보고 아니다 싶으면 그만두는 스타일이다. 즉 생각만 하고 시도해보지 않는 스타일이 아니라는 것이다. 하지만 주변의 많은 사람들이 어떤 좋은 제안을 받거나 귀가 솔깃한 이야기를 들어도 생각만 하고 '아 그런 세상도 있겠지.' 하고 그냥 넘기는 것을 수없이 봐왔다. 멘토님으로부터 메타버스 이야기를 들은 날 급한 일을 마무리 지은 후 망설이지 않고 바로 앱을 설치하고 어떤 장점이 있을까 파악하려고 들어갔다.

회원 가입 후 로그인을 해보니 첫 느낌은 예전에 잠시 들어가 경험했던 기존 네이버의 제페토(Zepeto)나 외국의 게더타운(Gethertown)과는 달리 정돈된 느낌이었고 들어간 랜드의 디자인도 깔끔하다는 생각이 들었다. 먼저 '만약의PD'라고 관리자로 추정되는 사람이 열어놓은 방에 들어가 이프랜드가 어떤 곳인지, 어떻게 활동하면 되는지 등 기본적인 사용 방법들을 학습했다. 관리자의 설명을 따라서 직접 방을 만들고 멘토님을 그 방으로 초대해서 이 플랫폼에 대한 직관적인 소감을 이야기 나누면서 몇 가지 기능 버튼을 눌러보며 테스트 해본 것이 이프랜드에서의 첫 경험이었다.

그날을 추억해보면 전에 들어갔던 제페토가 대부분 어린 친구들이 주류를 이루고 있어 생초보였던 나는 무척 당황스러웠다. 하지만 이프랜드는 잘 디자인된 3차원 공간인 '랜드'에서 호스트와 소수의 게스트가 만나서 마치 오프라인 공간에서 대화하듯이 마이크를 통해 자연스럽게 이야기를 할 수 있어 상당히 호감 있게 다가왔다. 이프랜드는 2021년 7월에 서비스를 시작하였는데 런칭한 지 얼마 되지 않은 까닭에 사용자 수가 적었던 것이 오히려 내가 초기 활동에서 적응하기가 더 나았던 것 같다.

출처 : SKT 메타버스 ifland

그리고 당시는 코로나 팬데믹이 최고 정점에 있던 시기라 오프라인 공간에서 사람들과 만나기도 어려운 때였기에 메타버스라는 공간에서 사람들과 소통을 할 수 있다는 매력이 있었다. 그날 이후 시간이 날 때마다 다른 사람들이 열어놓은 방에 들어가서 가만히 앉아 강의를 듣기도 하고, 또 다른 방에 참여해서는 호스트가 마음에 들면 채팅창으로 글을 적거나 마이크를 열고 짧은 대화를 해보기도 했다. 사람들과 이야기 나누는 것을 좋아하는 성격이라 공간의 제약에서 벗어나 다양한 연령층의 사람들과 아바타를 통해 대화를 나누는 것이 신기하기도 하고 꽤 매력적으로 다가오기도 했다. 카페나 밴드 같은 커뮤니티에서 글로만 소통하거나 오프라인의 정모나 번개모임 등에서 새로운 사람들과 직접 만나서 인사를 나누는 것과는 차원이 다른 상큼한 느낌을 주었다. 이때 만난 사람들 중에 아직도 이프랜드에서 같이 활동하는 사람들도 있으니 그분들 역시 이프랜드가 주는 매력이 크기에 오랜 기간 메타버스의 공간에 머물며 사람들과 소통하는 것이 아닐까 싶다.

시간이 날 때마다 이프랜드의 매력에 빠져들어 즐기던 2021년 10월 초 우연히 이프랜드의 인플루언서를 모집한다는 공지를 봤다. 짧은 시간 동안 경험한 메타버스란 공간은 대부분 청소년이나 젊은 층들이 활동하는 공간인데 설마 나 같은 시니어 층도 인플루언서로 뽑아줄까 하는 의구심에 잠시 망설이기도 했다. 그래도 혹시 시니어 층도 다양성 측면에서 인플루언서로 필요할지도 모른다는 기대감에 일단 도전이라도 한번 해보자는 생각으로 과감히 신청서를 작성해 지원을 했다. 신청서 작성 항목 중 하나인 인플루언서로 활동할 주제는 '캠핑'으로 정해서 신청했다. 코로나 사태 이후 내 사업에도 큰 타격이 있어 스트레스를 무척 받았고 이를 극복하기 위해 간단한 차박으로 시작하여 캠핑에 흥미를 붙이게 되었다. 차박 캠핑을 시작한 지 4개월 후에는 호몽(虎夢, 호랑이의 꿈)이란 이름의 캠핑카도 자작으로 제작하여 거의 매주 캠핑을 다니던 시기였기 때문에 캠핑에 대해서 이야기를 하면 젊은 세대들과도 소통이 잘되고 반응도 좋을 거라는 기대에서 캠핑을 주제로 정했던 것이다. 호몽은 내가 메타버스 활동과 함께 사용하기 시작한 닉네임이기도 하다.

신청을 해놓고도 합격이 될 것이라고는 전혀 기대를 안 했기 때문에 나중에는 신청한 사실조차 거의 잊고 지내고 있었다. 어느 날 이프랜드 측에서 3기 인플루언서로 합격이 되었다는 연락을 받았을 때 그 기쁨이 상당했다. 무엇보다 60대에 접어든 내게도 메타버스라는 공간에서 할 수 있는 역할이 있다는 것을 인정해주었다는 점에서 기쁨이 더욱 컸던 것 같다. 이렇게 나의 이프랜드 인플루언서 활동이 시작되었다. 합격 발표 후 운영자들이 신규 인플루언서들을 초대하여 활동 지침을 안내해줄 때 비로소 이프랜드에서는 인플루언서를 '이프렌즈(ifriends)'라고 부르고 방을 만드는 것을 '밋업(Meet-Up)을 한다'라고 부르는 것도 처음 알게 되었다. 이미 정부 차원에서도 메타버스 관련 사업을 많이 지원하고 있다는 소식도 접하게 되었고, 뉴스기사를 검색해보고 게더타운, 로블록스를 위시해서 많은 기업들이 메타버스에 관심을 기울이고 투자하고 있다는 사실도 알게 되었다. 심지어 페이스북은 회사 이름도 '메타'로 변경했다는 소식을 접하고 메타버스가 진정한 주류 트렌드가 되었다는 것을 잘 인식하게 되었다. 따라서 이프랜드의 인플루언서로 활동하게 되었다는 자부심도 한층 더 커지게 되었다. 더구나 이프랜드는 2021년 7월에 런칭한 신생 메타버스 플랫폼이었기 때문에 시작 시점에서 같이 할 수 있어 더욱 의미를 두고 싶었다.

　이 책을 읽고 이프랜드의 인플루언서로 활동하고 싶어 하는 분들을 위해 최근 공지된 신규 이프렌즈 모집 공고에 나온 사항을 참고하여 안내를 하고자 한다.

　이프렌즈는 한 기수가 보통 3개월 단위로 활동하게 된다. 이 글을 쓰고 있는 시기는 6기 활동이 끝나고 그중 일부는 재심사를 받아 연장 7기로 활동을 시작하였다. 신규 7기는 연장 기수가 확정되고 나면 별도 신청을 받아 추가 모집을 한다. 그러기 때문에 3개월 단위로 활동하게 되는 한 기수가 정확히 3개월 단위로 시작과 끝이 나뉘는 것은 아니고 약 4개월 정도의 기간을 두고 기수가 구분이 되는 것이다. 현재 모집 중인 7기 신규 모집은 2023년 2월 18일부터 3월 5일까지 신청을 받아서 심사 후 합격자 발표는 3월 8일에 한다고 공지되어 있다. 이전에도 이와 유사한 형태로 이프렌즈를 모집했으니 참조하기 바란다. 그리고 선발 인원은 매 기수마다 조금씩 증가하는 추세이고 한 기수에 수백 명씩 신규 이프렌즈가 새로 들어왔다. 모집 대상은 14세 이상 누구나 가능하며, 주제 영역은 일상, 취향 공유, 힐링, 고민 상담, 뮤직토크, 레크레이션, 토론, 상담, 지식 공유, 강연, 오디션, 연애, 투자, e 스포츠, 스포츠 등이다. 활동 혜택은 소정의 월 활동비, 모임 활동성과에 따른 추가 인센티브 그리고 SK텔레콤의 마케팅, 홍보 지원 콘텐츠 공동 기획 등이 있다. 활동 내용은 이프랜드 실시간 모임 운영, 이프랜드 모임 홍보 및 입소문 내기, 이프랜드에서 열리는 모임 참여 등이 있다. 마지막으로 지원 방법은 이프랜드 홈페이지에서 온라인으로 신청서를 작성하면 된다. 이프렌즈에 선정되기 위한 약간의 팁을 드리자면 아래와 같다.

첫째, 신청서 작성 이전에 이프랜드 앱에 가입하여 일정 기간 활동을 하면서 가능한 한 팔로워 수를 많이 늘려 놓는 것이 좋다.

둘째, 인스타그램이나 블로그에서 활동한 경력도 평가 항목에 들어가므로 보다 경쟁력 있는 SNS를 선택하고 신청한 주제 영역과 관련 있는 콘텐츠를 게시하고 팔로워 수를 늘려 놓는 게 좋다.

셋째, 어떤 주제로 모임을 운영해 나갈 것인지 주간 단위로 3개월 정도 상세한 계획을 세워 놓는 것이 좋다.

넷째, 2022년 말부터 글로벌 모임을 오픈하였고 마케팅에 주력하고 있으니까 비록 선택사항이지만 외국어가 능숙한 사람이면 평가 시 가점을 받을 수 있다.

마지막으로 정해진 모임보다 자주 모임을 하거나 다른 모임에 참여하는 자세를 준비하는 게 좋다. 이프랜드모임에서 자주 보이는 사람들 중 아바타에 if배지가 있으면 이프렌즈이니 그 사람들의 팔로워 수 그리고 그들의 인스타그램이나 블로그 팔로워 수를 참조하면 이프렌즈가 되기 위해 사전에 어느 정도를 준비가 되어야 하는지 가늠할 수 있을 것이다. 위에서 말한 팁들은 1년 4개월 동안 이프렌즈로 활동하면서 느낀 바를 적었지만 내 개인적인 의견이고 SK텔레콤의 공식적인 의견과는 다를 수 있으니 참조만 하길 바란다.

'아저씨'가 아니라 '호몽'이 되다

초기 이프랜드에서의 활동은 그다지 순탄하지 하지만은 않았다. 처음에는 정성을 다해 수일간 강의 자료를 준비하여 캠핑을 주제로 밋업을 하려고 방을 열어놓아도 들어오는 사람들이 거의 없어 당황스럽기 그지없었다.

당시 캠핑이 사람들의 많은 관심을 받고 있었기에 방만 열면 많은 사람들이 와서 내 이야기에 귀를 기울여줄 것이라고 혼자 멋진 상상의 나래를 펴고 밋업을 시작했다. 방을 열고 나서 한참 지나도 아무도 찾아오지 않았고 30분이 경과할 때쯤 겨우 한 사람이 들어왔다. 반가운 마음에

얼른 인사를 했는데 들어오자마자 인사도 없이 바로 퇴장해버려 그날의 당황스러움은 뭐라고 말로 표현하기가 힘들었다.

초기 캠핑 밋업, 출처 : SKT 메타버스 ifland

다행히 시작 후 50분 가까이 되어서야 겨우 인플루언서 밋업 목표치인 5명을 겨우 채우고 무사히 끝이 났다. 하지만 이후로도 밋업을 할 때마다 한동안 이런 유사한 상황이 반복되어 정기적으로 밋업을 한다는 것이 심적으로 큰 부담이 되었던 게 사실이다. 심지어 밋업에 들어와서 내가 진행하는 목소리가 나이가 들어 보였던지 "앗! 아저씨잖아." 하는 짧은 말만 남기고 바로 퇴장해버리는 어린 친구를 만났을 때는 정말 황당했다.

힘들었던 상황도 결국 시간이 해결을 해주었다. 점차 밋업이 반복되면서 이프랜드 안에서 친하게 지내는 지인들이 생기게 되었고, 서로 밋업을 잘하는 정보도 공유하며, 서로의 밋업에 방문하여 응원을 해주는 경우도 많아졌다. 내 경우에는 인플루언서 활동을 시작한 지 1개월이 지나지 않아 참석자들과 편안하게 캠핑과 기타 주제에 대해서도 자연스럽게 소통하며 진행하는 단계로 발전하였다. 앞에서도 말했지만 나는 젊은 세대와 이야기하기를 좋아하고 내가 많은 말을 하기보다 가능한 한 더 많이 들으려고 노력하는 습관이 있어 그나마 쉽게 적응할 수 있었다. 시니어 인플루언서를 꿈꾸는 사람들은 말을 많이 하고 싶어도 일단 꾹 참고 듣는 습관을 익히는 게 무엇보다도 중요하다. 젊은 친구들은 아무리 좋은 말이라도 길어지면 참지 못하고 도망가버리기 때문이다. 특히 '라떼'는 금기어이다. 농담 같지만 나는 커피를 주문할 때도 절대 라떼를 시키지 않는다.

2021년 11월 이프랜드 인플루언서로 본격 활동을 시작하면서 처음 계획서를 제출한 것처럼 캠핑을 주제로 밋업을 했다. 캠핑 유형, 캠핑 형태, 캠핑 준비물, 텐트 잘 치는 법, 타프 잘 치는 법 등 다양한 주제로 정보 전달과 함께 Q&A 형태로 1주일에 1회 혹은 2회 진행을 했다. 밋업 자료를 충실하게 준비하기 위해 며칠씩 노력하던 시기이기도 하다. 내가 좋아하는 캠핑이 주제였고 차박 캠핑을 하는 동안 시행착오도 많이 경험했기에 캠핑에 관심을 보이는 사람들에게 전달해줄 정보도 많았다. 하지만 당시 초보 인플루언서로 인지도가 낮아 인기가 없었고, 캠핑이 아무래도 봄과 여름에 사람들의 관심이 집중되다 보니 밋업을 했던 시기인 겨울과 잘 맞지 않았던 탓에 인플루언서로 기본적인 목표는 달성하면서 활동을 하고 있었지만 기대만큼 호응이 좋았다고는 할 수 없었다.

그래도 캠핑에 대해 질문을 하는 사람들에게 나름대로 경험을 바탕으로 궁금해 하는 사항에 되도록 상세하게 설명을 해줘 처음 캠핑을 나가고자 하는 사람이라도 당황스럽지 않게 안내해주려고 노력했다. 적어도 내 밋업에 참가한 몇 분들에게는 내 캠핑 경험과 조언들이 많은 도움이 되었으리라고 자부한다. 실제 캠핑장에서 우리 사이트를 구축하고 난 뒤 옆에 새로 온 사람들이 타프나 텐트 치는 모습을 구경하고 있으면 많은 사람들이 타프 하나 치는 데도 몇 시간씩 힘들게 땀 흘리는 것을 자주 목격하게 된다. 한번은 동해 주문진 해변에 갔을 때 강릉에서 온 신혼부부가 새 타프를 사서 처음 캠핑을 나왔는데 한 시간이 지나도 제대로 치지 못하는 것을 봤다. 옆에 다가가서 "제가 좀 도와 드려도 될까요?" 하고 물어보니 미안한 표정으로 그렇게 해주시면 정말 고맙겠다고 하여 어떻게 하면 쉽게 치는지 설명해주면서 단 몇 분 만에 마무리를 해줬다. 그러자 저녁에 그 부부가 먹을 음식을 사오면서 우리에게도 따로 회를 포장해다 줘서 감사한 마음으로 먹었던 기억도 있다. 내 오지랖 넓은 성격 탓에 다른 캠핑지에서도 텐트나 타프를 설치하는 데 어려움을 겪는 사람들을 자주 도와주곤 한다. 어떤 때는 주위에 텐트를 치는 것을 무심코 구경

하고 있으면 아내가 내 팔목을 꽉 잡으며 고개를 좌우로 흔들 때도 가끔 있다. 도움을 청하지도 않았는데 먼저 나서지는 말라는 신호이기도 하다.

인플루언서 2개월 차부터는 캠핑 주제 외에도 다양한 시도를 했다. 대표적인 것이 이전에 열정적으로 공부했던 나폴레온 힐의 성공철학을 기반으로 매주 주제를 바꿔서 성공학 강의와 함께 관련 주제로 토론하기도 했다. 또 내 사업 분야인 머신비전이 스마트 공장, 스마트 홈과 관련이 있어 그 중에서 좀 더 대중적인 주제인 스마트 홈 특히 인공지능 스피커와 홈 네트워크에 대해 밋업도 했다. 나폴레온 힐 성공철학을 주제로 밋업을 할 때 내 밋업에서 자주 만나던 인플루언서들은 나름대로 열정을 가지고 각자의 분야에서 활동하던 사람들이라 어떤 주제든지 적극적으로 토론할 준비가 되어 있는 사람들이 많았다. 그들이 미리 예고되지 않은 주제에 대해 토론을 해도 거침없이 자기 의견을 피력할 때 호스트인 내가 오히려 깜짝 놀랄 때가 많았다. 그때마다 역시 인플루언서는 아무나 하는 것은 아니구나 하는 생각이 들 때도 있었다. 그렇게 같이 대화하고 토론했던 많은 인플루언서들이 지금도 나의 좋은 친구로 남아 있다는 것이 얼마나 행복한지 모른다.

스마트 홈에 대해 강의할 때도 기억나는 추억이 있다. 처음에 홈 네트워크 주제로 밋업을 여니 그게 무엇인지는 들어봤으나 실생활에서 그것을 제대로 사용하고 있는 사람들이 거의 없었다. 그나마 각 통신사에 의해 어느 정도 보급이 된 인공지능 스피커에 대해서 이야기를 이어가니 조금씩 관심을 가져주었다. 하지만 인공지능 스피커도 호기심에 초기에 몇 번 가지고 놀다가 금방 관심이 시들해져서 집 안 한구석에 방치된 채로 놓아둔 사람들이 많았다. 각 회사에 인공지능 스피커들을 서로 비교하고 기능적인 특징들을 세부적으로 설명하니 인공지능 스피커에 그런 기능도 있었냐고 하면서 다시 한 번 먼지를 닦아내고 인공지능 스피커를 써봐야 하겠다는 사람들도 많이 있었다.

비록 소수지만 홈 네트워크 구축에도 관심이 있는 사람들도 있어서 그분들과는 인공지능 스피커 외에도 스마트 홈 센서에 대해서 같이 이야기하는 시간도 가지게 되어 평소 내가 관심을 가지고 공부했던 지식을 같이 공유할 수 있다는 것에 기쁨이 한층 깊던 시기였다. 그렇지만 스마트 홈이나 홈 네트워크 분야의 주제로 계속 밋업을 하기는 대중성이 많이 떨어져 한 달 정도 밋업을 진행하다 중단을 하게 되었다는 것은 조금 안타깝다 할 수 있다. 초기에는 이프랜드 안에서 활동하는 사람들이 많지 않았기 때문에 일반인들의 관심도가 낮은 전문 분야의 밋업은 분명 한계가 있었다. 2021년 7월 이프랜드 런칭 후 1, 2기들이 활동하는 약 5개월 동안은 50명 남짓의 인플루언서들이 있었는데 극히 일부를 제외하고는 그다지 활동이 활발하지 않던 베타 테스트 기간이라고 할 수 있었다. 내가 합류했던 3기(2021년 11월~2022년 1월) 때는 120명이 넘는 신규 인플루언서들이 영입되었고 인원수가 많이 늘어난 만큼 인플루언서 간의 소통도 좀 더 활발해지면서 이프랜드도 뉴스를 통해 외부로도 많이 알려지는 기간이기도 했다.

이프랜드에는 모임을 할 수 있는 공간인 '랜드'가 2023년 현재 44개가 구축되어 있어 사용자들은 자기가 선호하는 랜드를 선택해서 모임 이벤트를 진행하고 있다. 글로벌 버전의 오픈에 발맞추어 '타임스퀘어', '브란덴부르크'처럼 해외 유명 도시를 유사하게 재현한 랜드도 있고 '플로랜드'와 'K-뮤지컬 월드', '서머 아일랜드', '우아의 조이랜드', '공룡 어드벤처' 같은 오락성 모임에 적합한 랜드도 있다. 그 외에도 캠핑장, 교실, 운동장, 아트갤러리, 공연장, 방송국, 대학교 등 사용자들의 활동 주제에 적합한 랜드들이 많아 모임에서 주제 관련 이야기를 할 때 훨씬 분위기를 잘 살려주기도 한다.

출장 중 길에서 밋업

    나는 사업 상 자주 외근과 지방 출장을 가는 일도 있어 인플루언서 활동을 하는 동안 밋업 시간에 정확하게 맞추어 방을 여는 것은 쉽지만은 않았다. 한번은 양산에서 부산으로 이어진 출장과 밋업 일정이 겹친 경우가 있었다. 처음에는 양산에서 미팅을 한 뒤 어릴 적 추억이 많은 부산 황령산 정상에서 밋업을 하면 참석하는 사람들에게도 좀 더 멋진 풍경을 생생하게 전달해줄 수 있겠다 싶어서 내비게이션 행선지를 산 정상으로 입력해서 이동하였다. 하지만 예상치 못하게 중간에 도로가 너무 막혀서 황령산 정상까지는 올라가지도 못하고 산 입구 근처 주택가 골목길에서 주차를 하고 밋업을 한 적이 있었다.

밋업 시간이 촉박한 탓에 급히 주차를 할 수밖에 없어 주차장이 아닌 다소 한산해 보이는 갓길에 주차해서 밋업을 하고 있었다. 하지만 예상과 달리 지나가는 차량들이 많아 차 소리 때문에 신경이 곤두서 있었는데, 밋업을 시작한 지 30분쯤 지났을 때 갑자기 주차단속 차량이 나타나 차를 이동시키라고 할 때 정말 당황스러웠다. 밋업 중이었지만 어쩔 수 없이 차를 이동할 수밖에 없었다. 다행히 한적한 장소로 차를 옮겨서 무사히 밋업은 마무리하였으나, 인플루언서 활동 초기라 경험이 부족해 그런 상황까지 대처하면서 밋업을 하는 게 결코 쉽지 않았다. 어떻게 밋업이 끝났는지 덥지도 않은 날씨에 이마에 흐른 땀이 한동안 식지 않았다. 다행히 참석했던 사람들이 모두 마이크에 잡음도 많이 들어가고, 진행하던 중 차를 이동하느라 목소리가 끊어져도 내 상황을 너그럽게 이해해주어서 오래도록 고마움이 남아 있다.

그 후에도 시화공단에서 업무 미팅이 끝나고 근처 공원 주차장으로 이동해서 급히 밋업을 진행한 적이 있었다. 차 안에서 장시간 혼자 웃기도 하면서 떠들고 있으니 근처에 있던 공원 관리인이 차 앞에 서서 나를 신기한 듯 잠시 쳐다보고 갈 때는 잠시 민망하기도 했었다. 메타버스 인플루언서는 온라인에서 활동하기 때문에 휴대폰이 있는 곳이면 어디서든지 밋업을 할 수 있다는 장점이 있었지만 실내가 아닌 외부에서 급히 주차장을 찾아서 진행하는 밋업은 이렇게 당황스러운 경우도 가끔 있다.

그래도 메타버스의 장점은 장소에 구속받지 않고 밋업을 할 수 있어서 정해진 시간에 찾아오는 참석자들과 약속을 지킬 수 있어 좋았다. 1년 2개월 인플루언서로 활동하는 동안 외부에서 밋업을 한 적도 여러 차례 있었으나 시간이 지날수록 실외에서도 크게 당황하지 않고 진행하게 되었다. 밋업은 모임방을 개설한 후 바로 시작할 수도 있지만 미리 스케줄을 정해서 예약을 하고 시간에 맞추어 밋업을 할 수도 있다. 예약은 약 1달 후까지 가능하다. 그리고 모임 공개 여부도 결정할 수 있어 중요한 회의나 일반인들이 들어서 안 될 주제로 미팅을 할 때 매우 유용하게 이용할 수 있다. 이프렌즈 활동 초기에 이프랜드 환경에 적응하기 위해서 혼자만의 비공개방을 만들어놓고 공유 기능을 사용해 자료를 올리는 연습, 강의에 대비한 말하기 연습과 함께 가종 새로운 기능 버튼들을 눌러보기도 하면서 정식 밋업에 앞서 연습하는 시간을 가지기도 했다. 특히 박수나 하트, 인사 등 우리의 감정들을 표출하는 이모지들이나 노래에 맞춰 주는 댄스 이모지를 적절하게 선택하기 위해서는 미리 시용헤보고 익숙해져야지 정식 밋업에서 능숙하게 사용하기 때문에 신규 인플루언서들에게는 사전 연습이 필수이다. 이프랜드의 이모지와 각종 기능키들은 자주 업데이트가 되어 기능이 추가되므로 주기적으로 앱 전체를 살펴보면서 익혀야 하고 특히 신기능을 알려주는 공지를 놓치지 말아야 한다. 이런 기능에 익숙하지 못하거나 도외시하면 모임방에서 단체로 하트를 날리거나 댄스를 할 때 혼자 가만히 서 있어야 하는 민망함을 감수해야 한다.

2022년 5월부터는 토크쇼로 밋업을 진행하면서 녹화도 하고, 참가자들이 들어오고 나가는 상황과 채팅창을 동시에 살펴보아야 했다. 그래서 휴대폰 한 개만 가지고 진행할 때보다는 좀 더 안정적으로 밋업을 할 수 있는 공간이 필요하게 되었다. 더구나 초대 손님이 같이 있으니 상황의 변동성이 큰 낮 시간보다는 퇴근 후 밤 시간으로 고정해 토크쇼 밋업을 진행하고 있다. 초기에는 휴대폰 한 개로도 밋업을 하기에도 바빴지만 이프렌즈 활동 기간이 몇 개월 흐르자 최소 2개 이상의 휴대기기로 밋업을 하면서도 동시에 여러 가지 기능키와 이모지를 움직이며 채팅창과 참석자들의 들어오고 나감을 익숙하게 파악하며 모임을 진행할 수 있게 되었다. 현재 내 경우에는 토크쇼를 진행할 때 휴대폰과 태블릿을 포함해 총 4개의 기기를 가지고 모임을 진행하고 있다. 모든 인플루언서가 이렇게 할 필요는 없지만 나는 토크쇼를 별도 녹화하여 유튜브에 올려 일회성인 밋업을 언제든지 다시 보기로 볼 수 있게 작업을 하기에 혹시 나와 같이 밋업 콘텐츠를 재활용하려는 사람들은 참조할 필요가 있다. 그리고 노래 밋업의 경우에는 사운드가 중요하므로 PC와 오디오 인터페이스도 염두에 두고 준비해야 한다. 현재 PC 버전 이프랜드는 이프렌즈에게만 제공되고 있지만 머지않아 일반 사용자들도 사용할 수 있게 되리라 예상된다.

오픈 채팅방 운영자

3기 활동 초기부터 인플루언서들 간에 좀 더 원활한 소통을 위해 만들어진 3기 인플루언서 오픈 채팅방에도 합류하여 활동 중이었다. 채팅방에서 활동한 지 한 달 남짓 되었을 때 소통방의 방장으로부터 부방장으로서 활동해 달라는 부탁을 받았었다. 다른 분들이 밋업을 진행하면서 어려움을 겪을 때 조금이라도 도움을 주려고 노력했던 모습이 긍정적으로 알려져 약 90명의 인플루언서가 모인 우리 채팅방의 부방장으로 활동해달라는 요청을 해온 게 아닐까 추측된다.

방장의 제안을 수락한 후부터 나 스스로의 밋업 활성화를 위해서도 노력했지만 다른 인플루언서들의 밋업에도 더욱 적극적으로 방문하여 응원과 격려를 해주는 데 시간 투자를 많이 했다. 부방장으로 활동을 시작하면서 같은 방 인플루언서들과 대화를 하다 보니 일부를 제외하곤 대부분이 밋업 진행에 적응을 못 해 많이 힘들어 한다는 것을 알았다. 그게 당연한 것이 다른 사람들 앞에서 주제를 정해놓고 강의를 한다거나 많은 사람들과 한꺼번에 소통을 해본 경험이 거의 없었기 때문이다.

여러 분야에서 전문가로 선정되어 인플루언서로 활동하게 되었지만 다른 사람에게 설득력 있게 이야기하는 것은 또 다른 훈련이 필요하다. 대중 앞에서 강의하는 것이 익숙한 교사나 전문 강사의 경우에는 이미 이런 밋업 정도는 능숙하게 진행할 수 있겠지만 경험이 부족한 인플루언서들에겐 넘어야 할 큰 산이었다. 그래서 부방장으로서 제일 먼저 노력했던 일이 밋업 응원 가기였다.

내가 이프렌즈를 시작하던 때는 이프랜드가 출범한 지 6개월밖에 되지 않아 외부 사람들에게는 거의 알려지지 않은 상태라 인플루언서 외 일반 사용자들의 유입이 많지 않던 시기였다. 밋업을 열었을 때 기본 목표인 5명을 이상을 채우고 밋업을 진행하는 게 결코 쉽지 않았다. 한 인플루언서가 밋업을 시작한다고 방 링크를 소통방에 올렸을 때 가능하면 많은 사람들이 들어가서 같이 대화해주고 도와주도록 독려하였다. 이렇게 활동하다 보니 남들보다 좀 더 많은 방을 응원하기 위해 방문했고 덕분에 많은 인플루언서들과 깊이 친해지는 계기가 되었다. 거기에 사람들과 사귀기 좋아하는 내 성격으로 인해 인플루언서들과 오프라인에서 직접 만나기도 하고 서로 전화 통화도 하면서 3기 활동을 바쁘게 보냈다.

4기 인플루언서 연장 심사에 합격한 직후에 오픈 소통방 방장이 개인 사정으로 더 이상 인플루언서로 활동을 못 하게 되었다. 방장은 떠나기 전에 다른 인플루언서들과 상의한 결과 나를 적극 추천했다면서 차기 방장을 맡아 운영해 달라고 부탁을 했다. 제안을 받고서 처음에는 내가 인플루언서들이 가장 많이 포진된 2~30대 젊은 나이가 아니기에 지금처럼 부방장으로 옆에서 도와주는 역할만 하겠다고 사양했다. 그러나 3기 때에도 직장일에 바빠 적극적으로 활동하지 못한 방장을 대신해 리더로서 열심히 역할을 해주었으니 사양하지 말고 이어받기를 요청했다. 거듭된 제안에 승낙을 하고 이프렌즈 4기 오픈 소통방 방장으로 활동을 하게 되었다.

4기 활동을 하는 동안에도 밋업하기 힘들어하는 사람들을 위한 응원 독려는 계속되었다. 4기 때는 인플루언서가 230명 이상으로 늘어나면서 우리 소통방도 양적 팽창을 하여 190명 가까이 활동하는 방으로 발전하였다. 내가 대표로 운영하던 소통방 외에도 일부 인플루언서들이 수십 명 규모로 운영하던 소규모 채팅방들도 있었지만 다른 방들과는 비교가

안 되게 큰 규모의 방이었다. 소통방에서 추진했던 대표적인 일들은 신규 4기들을 대상으로 환영 MT 행사를 2차례 진행하였고, 일반 유저들에게 이프랜드 안에서의 매너와 밋업을 잘하는 법 등을 안내해주는 캠페인과 인플루언서들 간에 발생하는 분쟁이나 불협화음 조정 등 많은 역할들로 봉사했던 시기였다.

또한 여러 인플루언서들이 활동하면서 발견하는 프로그램 오류나 운영에 관한 불편 사항들도 취합하여 이프랜드 운영진 측에 개선을 요청하는 창구 역할도 하였다. 이런 활동으로 인해 우리 소통방 외부에서 시기하는 사람들에게 질투의 대상이 되어 그들이 퍼트린 좋지 않은 소문에 의해 한동안 이프랜드 운영진들에게 대표 불평분자로 오해를 받기도 했지만 꾸준히 소신을 가지고 활동을 하였기에 그런 오해는 오래가지 않았다.

이런 노력 때문인지 4기 활동을 마감하는 파티에서 우수활동자로 선정되어 수상을 하였다. 비록 중복 수상에 해당되어 다른 사람에게 기회가 넘어갔지만 이프렌즈가 선정한 이프렌즈 상 대상에도 올라가는 영광을 차지하기도 했다. 신규로 인플루언서 활동을 하거나 자신이 관심 있는 단체에서 활동을 시작할 때 다른 사람들이 나를 알아봐주고 다가올 때까지 기다리지 말고 먼저 다가가서 인사하고 사람들과 친숙해지라고 권하고 싶다. 원래 지닌 성격이 내성적이어서 내키지 않는 사람들도 많이 있다. 그렇지만 조금만 용기 내어 먼저 다가서 보면 의외로 쉽게 사람들과 친해지는 결과를 얻을 수 있다. 망설이다 놓친 아까운 시간을 충분히 보상 받을 수 있는 결과가 다가오니 자존심은 잠시 내려놓고 먼저 다가가서 손을 잡아 보라. 물론 과유불급(過猶不及)이라고 처음부터 너무 나대어 주위 눈치를 볼 정도로 인사를 나누고 다니는 것은 바람직하지 못하다. 특히 시니어의 입장에서 이럴 경우 꼰대로 지탄받고 배척당하기 쉬우니 특히 유의해야 할 사항이다.

힐링토크쇼 호몽캠프

3기에서 4기로 이어지는 활동 기간 동안 여러 가지 주제의 밋업을 진행하면서 나에게 가장 어울리는 밋업이 무엇일까 고민하던 끝에 나는 사람들과 소통할 때가 가장 행복해진다는 것을 발견하였다. 2015년에 김제동 씨가 진행하던 〈힐링캠프〉 프로그램에 아내와 함께 방청객으로 참관하였다. 우연한 기회에 MC 김제동 씨, 초대 손님 장윤정 씨와 이야기할 기회가 몇 차례 주어졌다. 그 장면이 재미가 있었던지 방청객 분량으로는 상당히 긴 5분 정도의 대화 장면이 방송에 노출이 된 적이 있었다. 방송된 후 수개월이 지나도록 방송에서 우리 부부를 보고 재미있었다고 기억해주는 사람들이 있어 그때의 추억을 되살려 평소 어느 분야의 사람들을 만나도 비교적 자연스럽게 대화를 이끌어내는 장기를 발휘해 토크쇼를 진행하기로 결정을 하였다.

토크쇼는 2022년 5월 2일 월요일 오후 9시 '미래지도사 호몽의 힐링캠프'라는 간판을 걸고 첫 출발하였다. '미래지도사'는 청소년이나 군인들을 대상으로 미래 진로에 대한 강연을 의뢰 받아 몇 차례 출강 한 적이 있는데 강사 프로필에 도움이 될까 해서 취득한 민간 자격증 중 하나이다. 첫 출연자는 스마트폰활용지도사로 실버 세대들을 대상으로 스마트폰과 IT기기나 프로그램들을 쉽게 사용할 수 있게 강의하시는 다솜님이었다. 그 날 이후 월요일 오후 9시 일주일에 한 번씩 게스트를 초대하여 힐링캠프를 정기적으로 진행히였다. 토크쇼를 진행하다 보니 이프랜드 밋업은 일회성으로 끝나고 따로 기록이 되지 않아 항상 안타까웠다. 토크쇼를 저장하여 다시 보고 싶은 사람들에게 보여주면 좋겠다는 생각에 4회부터는 밋업 영상을 녹화하여 유튜브 채널인 '시니어인플루언서 호몽'에 업로드를 시작하였다. 다만 1회부터 3회에 출연한 게스트들의 토크쇼는 영상 녹화분이 없고 캡처 사진 자료만 남아 있어 지금까지 큰 아쉬움으로 남아 있다. 나중에 사진자료를 영상으로 만들어 올리기는 했지만 1회 다솜님, 2회 마술쇼와 랩을 잘하시는 명태수님, 3회 오카리나 연주자 수경오카님께는 지금까지도 죄송한 마음이 남아 있다.

이프랜드에서 밋업의 일부가 아닌 전부를 녹화해 다시보기 서비스를 한 것은 내가 처음 시도한 일이었고, 1년이 지난 지금도 전량을 녹화해 다시보기 하는 인플루언서는 극히 소수에 지나지 않아 자부심이 큰 부분이다. '힐링캠프'라는 이름으로 진행되던 토크쇼는 11회가 되는 6월 13일부터는 '힐링토크쇼 호몽캠프'로 개칭하여 2022년 12월 말까지 총 42회를 진행했고, 2023년 3월 말 54회 게스트까지 출연 예약이 되어 순차적으로 진행되고 있다.

51회 힐링토크쇼 호몽캠프 홍보 이미지

프로 이프렌즈

 골프 용어에 '라베'라는 말이 있다. 'Life Time Best Score'의 줄인 말인데 골프를 치면서 기록한 점수 중 최고의 점수라는 뜻이다. 이 말은 한국 골퍼들 간에 주로 쓰이는 밀이고, 미국에서는 'High Score' 혹은 'Best score'라는 말을 주로 사용한다. 라베는 골프 초심자에게는 별로 의미가 없지만 어느 정도 경력이 되는 골퍼들에게는 중요한 의미가 있다.

 매번 라운딩을 할 때마다 본인 라베를 갱신하겠다는 목표가 생기기도 하고, 남들에게 자신의 골프 경력을 이야기할 때 약간은 우쭐댈 수 있는 이유가 되기도 한다. 흔히 고위 공무원 출신들이 방송에 출연했을 때 ㅇ

○ 장관님, ○○ 의원님 같이 그 사람이 공직에 있을 때 가장 높은 직책으로 호칭해주는 관례가 있는 것과 유사하게 쓴다고 보면 좋겠다.

　이프렌즈는 나름 치열한 경쟁에서 통과하여 선정이 되기 때문에 다양한 분야에서 능력을 인정받는 사람들이 모인 집단이다. 전체 인플루언서가 3개월 이상을 열심히 활동한 후 정량적, 정성적 평가 외 다양한 기준으로 검증된 점수에 의해 우수활동자가 선정된다. 그래서 인플루언서 활동 기간 동안 한 번이라도 우수활동자인 '프로 이프렌즈'로 선정된다는 것은 매우 큰 명예가 된다고 할 수 있다.

　더구나 기자들이 뽑은 기자 상이나 배우들이 뽑은 배우 상처럼 같은 분야에서 활동하는 사람들이 직접 뽑아준 상은 그 의미가 더 크다고 할 수 있겠다. 나는 이프렌즈들이 추천 우수활동자로 선정되기도 하였으나 이미 프로 이프렌즈로 수상을 했기에 중복 수상은 피한다는 규정에 의해 제외되었다는 말을 들었을 때 비록 프로 이프렌즈 상금보다는 상금이 적어 하위 등급의 상으로 분류되었지만 나는 이프렌즈들이 추천하는 우수활동가 상을 더 받고 싶었다는 게 솔직한 심정이다. 개인적으로는 같이 활동하는 동료들에게 인정받는 게 훨씬 더 좋았기 때문이다.

4기 우수활동자들, 출처 : SKT 메타버스 ifland

나야호를 만나다

　이프랜드 인플루언서로 활동하던 초기에 우연히 나야호 님의 밋업에 들어간 적이 있었는데 성우처럼 중후한 목소리가 너무 멋지고 친근하게 다가왔다. 목소리에 먼저 호감이 있었지만 서로 대화를 나누면서 메타버스 아바타 세상에서 또 다른 내 아바타를 만나는 듯한 착각을 경험했다. 비록 가상공간에서 만난 인연이었지만 이런 분은 오프라인 공간에서 꼭 만나보고 싶다는 강렬한 생각이 들었다. 어느 날 나야호 님 사무실이 있는 수원 근처에 업무 미팅 일정이 잡혀 출장 가는 길에 직접 만나보고 싶다고 연락하니 흔쾌히 승낙을 해줘서 우리의 첫 만남이 이루어졌다.

커피숍에서 만나 서로를 소개하고 대화를 시작했는데 마치 오랫동안 만나온 친구처럼 자연스럽게 이어지는 대화가 끊이질 않아 헤어질 때도 아쉬움이 많이 남는 시간이었다.

그날 이후 서로의 밋업에서 자주 만나는 사이가 되었지만 거의 매일 통화를 하는 습관도 갖게 되었다. 단순히 자주 연락하는 사이가 아니라 한 번 통화하면 3시간 이상 이어진 적도 있어 주위 지인들로부터 둘이 좋은 감정을 가지고 사귀는 사이 아니냐는 오해 아닌 오해를 받기도 했다. 메타버스에서 만난 여러 인연이 있었지만 1년이 훨씬 지난 오늘까지도 여전히 긴 통화로 하루를 시작하는 나야호 님과의 인연은 남녀 사이는 아니지만 천생연분이라는 말을 써도 좋을 듯하다.

매일 아이디어를 공유하다 보니 이 글을 쓰고 있는 오늘 아침에 나야호 님이 새로운 밋업 예고 뉴스를 전해준다. 그동안 이프랜드에서 인플루언서로 활동하면서 벌어들인 수익을 공개하고 어떻게 그것을 실현했는지 알려주겠단다. 사실 이프랜드의 인플루언서로 활동을 하면 밋업과 스페셜 행사를 진행하는 횟수에 따라 월 단위로 리워드를 받는 제도가 있다. 계약 사항이라 구체적인 금액 공개는 곤란하지만 많은 인플루언서들이 이프랜드 활동을 기반으로 수익을 다변화하려는 시도를 하고 있다. 나야호 님은 내가 알고 있는 어떤 사람들보다 큰 금액을 벌어들인 인플루언서인데 드디어 그간의 수익을 대중에게 공개한다는 것이다. 다른 분들에게 자극을 주고 원하는 사람들을 대상으로 컨설팅을 해주기 위해서란다.

이 '머니라이브'로 명칭된 컨설팅은 올해 유튜브에서도 서비스를 시작하는 라이브쇼핑몰의 추세에 대비하여 라이브 영상 제작 및 진행에 대한 그의 노하우를 전수해주는 프로젝트이다. 나야호 님은 이미 그의 유튜브 채널 '파이어족 나야호'에서 3년간 1회 2시간씩 주 3회 라이브 방송을 한 경험을 가지고 있다. 이 컨설팅 또한 추가 수익이 예상되는 새로운 비즈니스 모델이라 그의 아이디어와 실천력에 새삼 감탄하며 더 응원하게 된다. 이분과의 에피소드는 앞으로 나올 이야기에도 이어지기 때문에 첫 만남 이후의 추억은 이 정도 이야기해도 될 듯하다.

이프랜드에서 사귄 친구들

지금까지 이프랜드에서 만난 인연들을 일일이 거론하면 이분들과 함께한 시간만큼 긴 이야기가 된다. 그 만남이 일회성으로 끝나지 않고 지금까지 이어지기에 나에게는 소중한 인맥들이고, 앞으로도 서로 도움을 주고받으며 좋은 인연으로 남을 것이다. 그중 특히 기억에 남는 몇 분들과의 추억을 떠올리며 내 인플루언서 생활의 큰 의미를 기록하고 싶다.

희윤쌤

『사춘기 부모수업』이라는 책의 저자로 현생에서 사춘기 테라피스트로 활동을 하는 분인데, 이프랜드에서 여러 차례 우수활동자로 선정되어 이프랜드 내에서 모두 인정하는 유명인이다. 나와의 인연은 먼저 소통방의 운영진으로 만났고, 크고 작은 문제들을 같이 논의하고 해결해나가면서 그 그릇의 크기에 매번 감탄하곤 한다. 뛰어난 재능과 함께 다른 사람들을 배려하는 모습이 자주 내 눈에 포착되어 더욱 친밀감이 드는 인플루언서이다.

자기 자신보다 주위 사람들이 더 잘되기를 바라는 요즘 만나기 힘든 따뜻한 마음의 소유자이다. 지금은 현생에서의 일로 인해 이프랜드 활동을 최소화하면서도 다른 사람들이 같이하기 부담스러워하는 사람을 항상 품어주고 독려하면서 사랑의 밋업을 이어가는 모습을 볼 때 정말 존경스럽다는 표현도 모자란다. 또한 인적 네트워크도 무척 넓어 내가 연결이 되지 않는 분야의 전문가를 찾을 때 가장 먼저 희윤쌤에게 먼저 연락해서 혹시 인연이 닿는 분이 있는지를 물어보는 게 습관이 되었다. "사람이 곧 재산이다."라는 격언을 젊은 나이부터 몸소 실천하는 인플루언서이다.

행보키

이프랜드 인연 중에서 빠트릴 수 없는 분이다. 같이 3기 인플루언서로 출발하여 줄곧 꽃차를 주제로 한 밋업을 하고 있는 인플루언서이다. 이분은 한마디로 나눔의 천사이다. 본인이 판매하고 있는 꽃차를 어떠한 보상도 받지 않고 나눔을 해오고 있는데, 1년간 무려 250명이 넘는 사람들에게 무료로 꽃차 선물을 했단다. 이 말을 처음 전해 들었을 때 택배비만 해도 제법 부담되는 비용이었을 텐데, 그 긴 시간 동안 판매 상품을 많은 사람들에게 보상 없이 나눠주는 것을 보고 정말 대단한 아량을 가진 분이라고 생각했다.

이런 나눔도 자칫 마케팅의 일환으로 그러는 것이 아니냐며 오해할 사람도 있으리라 생각하지만 사업을 하는 분이기에 나눔이 매출로 이어지기를 기대하는 것은 너무나 당연하다. 그러나 꽃차 나눔을 할 때 구매를 유도하는 말을 거의 들은 적이 없다는 것을 잘 알기에 그 의미가 더욱 크다고 할 수 있다.

경산 부근으로 출장이 잡힐 때마다 만나 식사 대접이라도 하고 싶은 분인데 근처에 갈 때마다 상황이 허락하지 않아 아직도 여전히 희망 사항으로 남아 있다는 게 아쉬울 따름이다. 더구나 지금은 내가 너무 미안해서 이제는 중단했지만 호몽캠프 1회부터 무려 7개월 동안 매번 꽃차 선물을 후원해줘서 더욱 고마운 분이기도 하다. 항상 활기차게 전국을 누비며 꽃차와 다양한 소품 만들기 강의를 하고 다니는 행보키 님께 나 또한 배려심과 식지 않는 열정을 배워나간다. 그녀도 올해는 내 조언을 받아들여 꽃차 관련 책도 집필하고 유튜브 채널도 운영해보겠다고 하니 새롭게 펼쳐지는 행보키 님의 행보에 기대를 해본다.

토크쇼 인연들과의 추억

다솜

　먼저 1회 초대 손님이었던 다솜님에 대해서 이야기하고 싶다. 충북 제천에서 어르신들을 대상으로 스마트폰 활용지도사로 활동하시는 분이다. 내가 스마트 홈 관련 밋업을 하던 중 토크쇼 밋업 예정 공지를 하고 출연 신청을 받았는데, 제일 먼저 손을 들고 신청을 해주신 분이라서 그 적극성이 특히 기억에 남는다.

　호통캠프 출연자들이 모인 소통방에서도 다른 사람들의 대화에 가장 먼저 호응해주고, 새로운 지식을 배우는 데 항상 앞장서서 나가는 정말 열정적인 분이다.

얼마 전 전화로 대화하다 신년 계획에 대해 물어보니 지금 JAVA 언어를 공부하는 중인데 올해 연말 쯤 이를 기반으로 한 일에도 도전하고 싶고, 미래에는 메타버스 플랫폼을 구축해보는 게 꿈이라고 당찬 포부를 밝힌다. 나도 그녀가 평소에 실버 세대들을 상대로 강의를 하고 있으니 나처럼 '시니어' 키워드로 콘텐츠도 만들고 집필도 생각해보라고 권유하니 긍정적으로 검토해보겠다고 한다. 거침없는 다솜 님의 도전에 온 마음을 다해 응원을 보낸다.

명태수

명태수 님은 자동차 튜닝샵을 운영하시는 분이다. 하지만 직업과는 전혀 다른 분야에서도 뛰어난 재주를 발휘하고 있는데 특히 생활마술, 카드마술 등 스스로 익힌 마술로 밋업을 하고 있어 항상 참석자들에게 큰 호응을 불러일으키곤 한다.

랩을 하는 솜씨 또한 거의 프로 가수의 수준이라 할 수 있다. 밋업 중 랩을 해달라는 요청이 오면 망설임 없이 바로 호응해주는 모습을 쉽게 만날 수 있다. 재능이 있음에도 수시로 연습을 하는 열정까지 겸비하여 다른 이에게 감동을 주는 수준의 실력을 갖추게 된 것이다.

첫인사를 나눈 지 얼마 지나지 않아 명태수 님이 내 닉네임이 새겨진 마이크 형상의 조각을 3D프린터로 출력해 선물로 보내줬다. 지금도 사무실 입구 책장에 진열되어 있다. 청하지도 않았는데 먼저 나를 위해서 베풀어준 그 정성에 큰 감동을 받았다. 나 또한 업무용으로 3D프린터를 사용하고 있어 자그마한 작품이라도 만들려면 많은 시간이 걸린다는 것을 잘 알고 있기에 명태수님의 정성이 더 고마웠다. 이렇게 덕을 쌓다 보니 그의 옆에는 항상 많은 사람들이 있다. 우스갯소리 같지만 명태수 님을 통하면 이프랜드에서 일어나는 모든 일을 다 알 수 있다고 소문이 나서 내가 '이프랜드 국정원장'이라는 별명을 지어줬다. 다가올 봄날에 아내랑 남도 여행을 가면 반드시 만나보고 싶은 인플루언서 중 한 분이다.

소오비마

6기 활동을 마감하는 클로징 파티에서 무려 최우수활동자상, 추천 이프렌즈상, 이프렌즈 모임왕, 이프렌즈 찐사랑꾼 등 모든 수상 분야에서 무려 4관왕의 위업을 달성한 인플루언서다. 이프랜드 초기부터 일반 유저로 활동을 해오면서도 이프렌즈보다 더 이프렌즈 같다는 평을 받다가 6기부터 활동을 시작했는데 한 번에 최고의 성적을 받은 것이다. 내가 소통방 방장을 하는 기간 동안 많은 협조를 해주었고 이프랜드에서 활동하면서 지켜야 할 매너들을 정리하여 다른 이프렌즈와 함께 올바른 메타버스 활동을 주도하였다. 이프사진사로 활동하며 수많은 이프렌즈들의 아바타 사진을 찍어주고 깔끔하게 편집까지 해주는 선의를 베풀어주거나, 주위의 이프렌즈들이 궁금해하는 사항들이 있으면 망설이지 않고 친절히 가르쳐주곤 한다. 이런 그가 압도적인 표차로 추천 이프렌즈상을 받은 것은 너무나 당연한 결과이다. 각종 IT 분야 프로그램의 활용 능력도 뛰어나 최근에는 '호몽's 스토리'라는 제목의 랩을 인공지능 챗봇인 ChatGPT를 통해서 작사하고 자신의 목소리로 직접 녹음하여 내게 선물해주었다. 내가 토크쇼에 초대하고 싶은 분들의 성향을 물어볼 때 가장 먼저 의견을 듣는 사람이고 소오비마 님 또한 밋업에서 만나면 나를 항상 치켜세워주는 사이라 평생을 같이할 나의 든든한 친구임이 분명하다. 그가 이프랜드에서 가장 큰 부자로 거듭나는 날이 오길 진심으로 바래봅니다.

키라히라

이프랜드 안에서 '취미부자'라는 닉네임과 허스키한 목소리로 잘 알려지진 인플루언서이다. 캠핑카로 남이섬 근처를 지나가다 보면 항상 전화해서 커피라도 한잔 나누고 싶은 친구이기도 하다. 유치원 교사로 근무하다가 그녀의 만들기에 대한 끼를 주체하지 못해 퇴직을 하고 아이들 교구를 만드는 사업을 시작한다고 한다. 손재주도 뛰어나지만 노래, 악기 등 여러 가지 분야를 배우고자 하는 열망은 젊은 '호몽'의 한 면을 보는 것 같아 항상 흐뭇하다. 호몽캠프 토크쇼 이후 우연히 찾아간 밋업에서 매듭 팔찌를 만들고 있었는데 내가 방문한 것을 발견하고 반가이 맞으며 나와 아내를 위해서도 팔찌를 만들어주겠다고 했다. 며칠 뒤 도착한 예쁘게 포장된 박스 안에는 우리 부부를 위한 팔찌와 직접 작성한 메모까지 같이 넣어 보내주었다. 그녀의 세심한 정성이 고마워 우리 부부는 팔찌의 색이 바랠 때까지 한동안 착용하고 다녔다. 새롭게 출발하는 그녀의 사업도 가지고 있는 끼와 능력을 마음껏 발휘해서 성공적인 반열에 올릴 수 있는 가능성이 충분한 인플루언서이다.

민루찌

민루찌 님은 다양한 소재의 퀴즈쇼로 밋업을 진행하며, 이프랜드에서 누구보다도 열심히 활동하는 대학생 인플루언서이다. 이프랜드 초기부터 활동을 해왔고 나와는 3기부터 인연이 있었는데, 내가 소통방 방장일 때 부방장으로 같이 활동하면서 더 친밀한 관계가 되었다. 그녀의 밋업에 모이는 인원이 다른 인플루언서들과 비교해서 평균 두 배 이상이다. 그만큼 인기가 있는 인플루언서라고 말할 수 있다.

그래서 많은 사람들이 민루찌 님에게 '이프랜드의 퀸 Queen'이라고 호칭을 만들어주기도 했다. 이 명성에 걸맞게 발랄한 목소리와 함께 차별화된 콘텐츠로 밋업을 진행하기 때문에 팬덤층이 상당히 두텁다고 할 수 있다.

그녀는 이프랜드 내에서 '민머리교'라는 이름의 팬클럽도 가지고 있다. 아바타 머리 모양이 머리카락이 전혀 없는 계란 모양이라 좀 민망한 모습이기도 하나, 팬클럽 멤버들은 전혀 개의치 않고 민머리 교주인 민루찌 님의 교인이라는 것을 너무도 자랑스럽게 생각한다.

본인의 밋업뿐만 아니라 이프랜드에서 개최하는 다양한 행사에서 MC를 보기도 하는 민루찌 님의 명성은 매번 기수 활동을 마감하면서 시상하는 자리에서 한 번도 우수활동자를 놓친 적이 없다는 것으로도 평가될 수 있다. 나이를 떠나 사람들의 마음을 사로잡는 데 있어 가히 달인의 수준이라 해도 과언이 아니다. 게다가 성실함까지 겸비하고 있으니 흠을 찾아보기가 힘든 인플루언서다. 학교를 졸업하면 원하는 분야에 직장을 찾아서 진출하게 되겠지만 그녀의 다양한 끼를 마음껏 방출할 수 있는 직장에서 근무하게 되기를 간절히 기도해본다.

레깃브릭스

레고 아티스트로 활동을 하는 대학생이다. 어린 시절 캐나다에서 살다가 한국으로 와서 대학교를 다니고 있는데, 레고 블록을 소재로 아트 작품을 만들어 NFT 경매시장에서 판매한 기록도 가지고 있다. 아트 전시회에도 자주 참가를 하면서 자신의 브랜드 가치를 올리고 있다. 레고를 이용한 아트 작품을 창작하다 보니 인스타그램 팔로워들이 한국을 넘어

글로벌한 분포를 보인다고 들었다. 영어와 스페인어에도 능통하여 글로벌 밋업에 최적화된 인플루언서이다. 이프랜드 3기 때부터 같이 활동을 해오고 있는데 어릴 적 외국에서 살아서 그런지 마인드가 서구적이라 나와 대화하는 데도 전혀 격이 없이 대해줘서 그런 브릭스 님의 자세가 너무 좋다. 최근에는 어떻게 레고 아티스트로 인생 방향타를 잡고 활동하는 경험담이 담긴 『어쩌다, 크리에이터』라는 책도 저술하였다. 새로운 것에 거침없이 도전해나가며 젊은 세대가 가지고 있는 생각을 그대로 전달해주는 메신저 역할을 하는 브릭스 님이 친구라는 게 행복하다.

올레비엔

여행 블로거이자 작가이다. 현재 이프랜드에서 '90일 작가 되기' 프로젝트를 진행하면서 이 책을 쓸 수 있게 인도하고 직접 일대일로 코칭도 해주면서 많은 가르침을 준 인플루언서이다. 2022년에 6월에 처음 시작한 1기 작가되기 프로젝트를 통해 9명의 작가를 탄생시켜 10월에 출간 기념회를 하였다. 2기들은 2022년 10월 말에 시작하여 2023년 2월 16일 출간 기념회까지 총 12명의 작가가 탄생하였다. 11명의 작가는 POD(Published On Demand) 출판사를 통해 출간하였고, 나도 POD 출판 원고를 완성한 상태에서 주위 사람들이 지명도가 있는 출판사에 투고해보라는 권유를 받고 노력한 결과 미다스북스와 계약을 하는 행운을 얻었다.

제주도에 살면서 제주도뿐만 아니라 국내외를 여행하면서 깔끔한 블로그 글로 감동을 주고 있어서 이미 블로그 세계에서는 파워 블로거로 유명한 작가다. 이프랜드에서는 글쓰기와 책 출판 노하우를 공유하는 프로젝트팀을 만들어서 활동을 하고 있다. 전해들은 바에 의하면 1기 프로젝트가 진행되는 3개월 동안 여러 가지 난관도 있었지만, 9명이나 출판이란 관문까지 통과하는 결과를 이루었고, 여세를 몰아 2기에도 60명의 인원이 작가 되기 프로젝트 팀에 합류하여 12명의 작가가 탄생하였으니 프로젝트 진행자로서 큰 자부심이 느껴진다고 했다. 한편 출판에 필요한 내용들을 순서대로 잘 정리하여 네이버 프리미엄 콘텐츠에 '여행작가 올리비엔의 90일 작가 되기'라는 제목으로 게재하고 있어 작가 되기를 꿈꾸는 많은 사람들에게 큰 도움을 주고 있다. 그동안 무료로 제공하는 이 서비스는 그동안의 큰 성과를 바탕으로 3기부터는 유료화로 진행된다고 한다.

프로젝트가 진행되는 동안 매일 밤 10시부터 두 시간씩 밋업을 열어서 책을 집필하거나 편집하는 과정에서 힘든 부분에 대해 개별적으로 지도해주기도 하고, 오류를 수정해주는 그녀의 봉사적 리더십에 새삼 감탄할 수밖에 없다. 이런 컨설팅 시간이 어떤 때는 새벽까지 이어질 때도 있어 건강이 염려될 때도 있었다. 유료화로 진행되는 3기 프로젝트도 잘 마무리가 되어서 앞으로 그녀가 꿈꾸는 것처럼 글쓰기 프로젝트에 참가하는

인원이 꾸준히 늘어나 이프랜드를 넘어 더 큰 세상에서도 유명한 컨설턴
트로 우뚝 서면 좋겠다는 간절한 소망을 담아본다.

그 외에도 유니크한 꼬마녀, 마이크 잡은 상구, 수지큐, 엘빈쌤, 클로
이, 샤랄라 세리, 무야호 쿠키 같은 젊은 인플루언서들과 교류하며 토크
쇼 호몽캠프에서 추억도 쌓을 수 있었다는 것에 감사하며, 나는 세상 누
구보다도 행복한 사람이라고 온 세상을 향해 떠들고 다니고 산다.

모든 호몽캠프 출연자들과의 추억을 한 분씩 되새기고 싶지만 출연자
들과 활동 분야를 열거하는 것으로 아쉬움을 달랜다.

호몽캠프 출연자들			
회	날짜	출연자 명	활동 분야
1	2022년 05월 02일	다솜	스마트폰활용지도사
2	2022년 05월 05일	명태수	마술, 랩, 자동차 튜닝
3	2022년 05월 09일	수경오카	오카리나 연주가
4	2022년 05월 12일	영업의신조이	해외 마케팅 전문가
5	2022년 05월 16일	하얀꿈	자녀 시골 유학, 천문학박사
6	2022년 05월 19일	루시아	한글 서예가, 캘리그래피스트
7	2022년 05월 23일	레짓브릭스	레고 아티스트
8	2022년 05월 26일	짐승Q	동물 전문가, 수의학박사

9	2022년 05월 30일	국악앙상블 서이	대금, 가야금 연주가
10	2022년 06월 06일	희윤쌤	사춘기 테라피스트, 작가
11	2022년 06월 13일	행보키	꽃차 마이스터
12	2022년 06월 20일	나야호	영상 크리에이터, 이커머스 전문가
13	2022년 06월 27일	데레사	놀이활동가, 안전교육강사
14	2022년 07월 04일	키라히라	소품 제작 전문가
15	2022년 07월 11일	알럽명희	상업용 부동산 전문가
16	2022년 07월 18일	유니크한 꼬마녀	커뮤니케이션 전문가
17	2022년 07월 25일	김명재	항공 유학 전문가
18	2022년 08월 01일	룰루레몬	요가복, 운동복 전문회사
19	2022년 08월 04일	해금켜는 은한	해금 연주가
20	2022년 08월 08일	올레비엔	여행 블로거, 작가
21	2022년 08월 15일	소오비마	프리미엄 콘텐츠 작가, if 사진사
22	2022년 08월 22일	Serapino K	심리상담사
23	2022년 08월 29일	마이크잡은 상구	공연 기획, MC
24	2022년 09월 05일	힐링조이	아동교육 전문가
25	2022년 09월 12일	이유유	커피 전문가
26	2022년 09월 19일	나비누나	13마리 고양이집사
27	2022년 09월 26일	이청아	젠탱글 아티스트
28	2022년 10월 03일	한지꽃이 피었습니다	한지공예 전문가
29	2022년 10월 10일	수지큐	짠테크 달인
30	2022년 10월 17일	엘빈쌤	사랑 전도사
31	2022년 10월 24일	성생님	성교육 전문가
32	2022년 10월 31일	찐루시	조향사, 메이트업 전문가

33	2022년 11월 07일	시네교	영상 콘텐츠 제작 전문가
34	2022년 11월 14일	김냐옹	가수, 작곡가
35	2022년 11월 21일	스튜	캐릭터 전문 디자이너
36	2022년 11월 28일	클로이	메타 전문 진행 MC
37	2022년 12월 05일	마이크로 힐링	명상 전문가
38	2022년 12월 08일	양올리	비올리스트
39	2022년 12월 12일	클라부는 로사	클라리넷 연주가
40	2022년 12월 15일	체크	프로그래머, 멀티크리에이터
41	2022년 12월 19일	샤랄라 세리	NFT 작가, 글로벌 노래방 MC
42	2022년 12월 26일	책푸리	놀이치료사, 부모교육 전문가
43	2023년 01월 02일	달걀마녀	북큐레이터
44	2023년 01월 09일	무야호 쿠키	그림퀴즈 진행자, 유아교육
45	2023년 01월 16일	요리고미 문자	요리 크리에이터
46	2023년 01월 23일	모따모모	과학문화 융합 강사
47	2023년 01월 30일	노화정	가수, 싱어송라이터
48	2023년 02월 06일	두루흐렌	노래하는 피아니스트
49	2023년 02월 13일	막대사탕	필기 전문가
50	2023년 02월 20일	Abby An	노래하는 디자이너
51	2023년 02월 27일	민루찌	퀴즈 전문 진행자
52	2023년 03월 06일	안토그래퍼	사진작가, 포토에세이
53	2023년 03월 13일	달새	프로그래머, 생활코딩
54	2023년 03월 20일	사자 수진	기부천사, MC
55	2023년 03월 27일	대만에서 온 엘리스	대만 출신 자기계발 강사
56	203년 04월 03일	율	IT 강사, 작가

크리에이티브 포스

한창 더위가 기승을 부리던 2021년 8월 어느 날 친하게 지내던 나야호 님으로부터 연락을 받았다. 서울산업진흥원 산하 유튜브 인플루언서의 모임인 크포 모집 공고가 났으니 신청하라는 것이었다. '크포'는 크리에이티브 포스(Creative Force)의 줄임말이다. 냐야호 님이 4년 이상 크포 인플루언서로서 활동해오고 있다는 것은 익히 들었기에 크포가 어떤 곳인지는 이미 잘 알고 있었다.

서울산업진흥원 산하의 미디어콘텐츠산업팀에서 유튜브 1인미디어 크리에이터를 지원하기 위해서 이 모임을 운영하고 있고 2023년 2월 현재 893명의 인플루언서가 활동을 하고 있다. 크리에이티브 포스는 1년에 4, 6, 8, 10월 총 4번 모집을 한다. 모집 기간은 해당 월 1일부터 약 20일간이고 합격자는 다음 달 1일에 발표를 한다. 모집 기간 외 공고의 내용은 매번 유사하니 아래에 가장 최근 공지인 2022년 10월 모집 공고 내용을 그대로 옮기니 관심 있는 분들은 참조하길 바란다.

2022년 제4회 'SBA 크리에이티브포스' 모집 안내

서울시와 서울산업진흥원이 육성 지원하는 1인 미디어 그룹 '크리에이티브포스'의 활동을 함께할 1인 미디어 크리에이터를 모집합니다. '크리에이티브포스'는 서울정책, 서울명소, 서울만의 이야기, 서울시 중소기업 등을 국내·외로 알리는 1인 미디어 그룹입니다. 끼와 재능만 있다면 누구나 지원할 수 있고 크리에이터로 성장할 수 있습니다. 여러분의 많은 관심과 참여를 바랍니다.

1. 모집개요

□ 모집기간 : 2022년 10월 1일(토) ~ 10월 24일(월) 24시까지

□ 지원자격

– 성별, 연령제한 없음, 서울에서 활동(네트워킹, 콘텐츠제작, 교육 등)이 지속적으로 가능한 1인 미디어 창작자

– 유튜브 채널 내 콘텐츠 10개 이상 업로드 된 크리에이터(구독자수 무관)

※ 기업 홍보, 상품 홍보, 서울시 정책 등 산업 콘텐츠에 특화된 크리에이터 우대

※ 만화, 게임, 애니메이션, 웹툰, 캐릭터 등 콘텐츠산업에 특화된 크리에이터 우대

※ 메타버스, NFT 활용, AI 등 미래 유망분야 및 새로운 형태 콘텐츠 창작자 우대

※ 뉴미디어 플랫폼을 활용한 홍보마케팅 유경험자 우대(블로그, 페이스북, 인스타그램, 틱톡 등)

□ 모집규모 : 총 40팀 내외(2022년 총 150팀 l 내외 선발 예정)

□ 심사방법 : 1인 미디어 전문가 평가 70% + '크리에이티브포스' 멤버 30인 평가 30% 반영

□ 심사기준

평가항목	세부평가내용
콘텐츠 적합성	○ 콘텐츠의 지속 가능성 ○ 콘텐츠의 공공성
크리에이터 역량	○ 창작 활동의 성실성 및 의지력 ○ 채널 영향력(구독자, 댓글, 도달률 등) 및 채널 관리 능력 ○ 콘텐츠 기획의 참신성, 특화성 ○ 기업 홍보, 상품 홍보, 서울시 정책 등 산업 콘텐츠 제작 가능성 ○ 콘텐츠산업에 특화된 콘텐츠(게임, 만화, 캐릭터 등) 제작 가능성 ○ 뉴미디어 플랫폼을 활용한 홍보마케팅 유경험자 우대

□ 활동기간 : 1년(활동 우수자 계속 활동)

□ '크리에이티브포스' 지원내용

- SBA 에스플렉스센터 1인 미디어 스튜디오를 및 장비(카메라, 조명 등) 지원

- 서울시정 및 우수 중소기업 매칭 브랜디드 콘텐츠 제작 참여(연 500편 이상)

- 1인 미디어 파트너스데이 등 네트워킹 참석 및 크리에이티브포스 커뮤니티 활동

- SBA '비즈크리에이터단' 등 뉴미디어, 마케팅, 커머스 전문가 멘토링 기회 제공

- 메타버스, NFT 등 미래 유망분야 연계 1인 미디어 크리에이터 역량 강화

- 공유오피스 지원 및 기업 사업자등록지 제공 등 창업 인큐베이팅, 기업화 지원

- 미디어콘텐츠 관련 법률, 회계, 지식재산 등 교육 지원

□ 진행절차

공모기간		심사기간		결과발표		오리엔테이션
10/1(토) ~10/24(월)	▶	10/25(화) ~10/31(월)	▶	11/2(수)	▶	11/7(월)

□ 결과발표 : 11월 2일(수) SBA홈페이지(sba.seoul.kr) '공지사항'을 통해 발표

2. 신청방법

□ 온라인 신청

- 본인 유튜브 채널에 본인을 잘 표현할 수 있는 대표 영상 콘텐츠 영상설명란에 해시태그 '#2022제4회SBA크포'를 등록(최근 3개월 내 콘텐츠에 해시태그하여 지원 가능)

– SBA 홈페이지(http://www.sba.seoul.kr) '사업신청 Mybiz' 접수 중인 사업의 '2022년 제4회 서울시–SBA 크리에이티브포스 모집' 게시물에 첨부된 지원신청서 작성 후 게시물 하단에 있는 '신청하기'를 클릭하여 등록

□ 크포 가산점 인정방법

– 서울시 평생학습포털 '슬기로운 유튜버생활' 강의 수료증 발급 후 크포 지원신청서에 첨부

– 각 강좌 당 0.6점, 최대 3점 인정 가능(단, '슬기로운 유튜버생활 : SBA 스튜디오 편'은 필수과정으로, 해당 강의의 수료증 없을 시 가산점 인정 불가)

□ 유의사항

– 접수된 응모작은 서울시와 SBA의 홍보 등 공익의 목적으로 활용될 수 있습니다.

– 출품작은 '순수 창작'이어야 하며 '모방'으로 판명될 경우 심사에서 제외, 선정 이후라도 선정 취소될 수 있습니다.

– 모집규모와 상관없이 평가결과 적격자가 없을 시 선발하지 않을 수 있습니다.

– '크리에이티브포스'는 매년 4월, 6월, 8월, 10월 총 4회 모집하며, 선정되지 못한 창작자는 다음 모집에 지원 가능합니다

– 최종 선정된 창작자 대상 오리엔테이션은 온라인 화상으로 진행합니다. 구체적인 일시는 추후 공지될 예정입니다.

3. 문의

서울산업진흥원 미디어콘텐츠산업팀 1인 미디어 크리에이티브포스 담당

– 김익수 책임(02–2124–2807, iskim@sba.seoul.kr)

나는 아직 유튜브 채널을 개설한 지 얼마 되지 않아서 합격 가능성에 대해서 걱정을 하니까 염려하지 말고 신청해보라고 했다. 구독자나 올린 영상의 수에 관계없이 가능성을 우선 심사하여 모집하는 곳이라 내 채널에 게시된 영상이 최소 커트라인 기준인 10개가 훨씬 넘고 채널 카테고리도 '메타버스'라서 선정 가능성이 높다고 하면서 신청해보라고 한 것이다. 이미 1년 가까이 메타버스 이프랜드에서 인플루언서로 활동하고 있었고 그동안 진행하는 토크쇼를 녹화 영상으로 '시니어인플루언서 호몽' 채널에 올린 자료가 남아 있었기 때문이다. 냐야호님의 격려에 용기를 얻어서 신청을 해보기로 했다. 특히 메타버스는 요즘 정부나 서울시에서도 매우 관심 있어 하는 분야였기 때문에 조금은 가능성이 있겠다 싶어 신청서에 대표 채널을 '시니어인플루언서 호몽'으로 적고 나름대로 내용을 충실하게 작성하여 신청하였다. 8월 19일자로 지원 신청을 하였고 합격자 발표는 예상보다 조금 늦은 9월 16일이었다. 업무 출장 중에 나야호 님이 먼저 알려준 합격 소식을 받고 날아갈 듯이 기뻤다. 그동안 유튜브 채널은 운영하고 있었지만 단순히 토크쇼 출연자들과의 추억을 기록하는 데 의미를 두고 있었는데 앞으로는 서울산업진흥원 산하에서 여러 가지 교육지원을 받으면서 유튜브 채널을 좀 더 책임감 있게 합리적으로 성장시킬 수 있겠다는 생각에 더 기뻤던 것이다.

여기서 잠깐 크레이티브 포스가 되기 위한 약간의 팁을 드리자면 첫째, 심사 시 가산점이 인정되는 슬기로운 유튜버 생활 강의 5가지를 모두 듣고 수료증을 반드시 첨부하는 게 좋다. 수료증 가산점이 최대 3점이기 때문에 심사에 큰 변수가 된다.

둘째, 지원 자격이 서울에서 활동이 지속적으로 가능한 창작자라고 하지만 사는 지역에 상관없이 서울에서도 활동이 가능하면 누구든지 지원 가능하다. 실제 활동하는 크포 중에는 창원이나 순천 등 지방이나 외국인 크리에이터들도 많이 있다.

마지막으로 운영하는 채널의 향후 운영 방향과 콘텐츠의 차별화를 중요시하기 때문에 현재 채널의 구독자 수가 중요한 변수가 되지 않는다. 그러므로 초보 유튜버라도 차별화된 콘텐츠만 있다면 부담 없이 지원해 봐도 좋을 것이다.

물론 위에서 말한 팁들은 지극히 개인적인 의견이므로 심사를 하는 운영자의 의도와는 맞지 않을 수가 있으니 참고만 하길 바란다.

크포 인플루언서가 되면 우선 서울산업진흥원에서 지원하는 스튜디오를 사용할 수 있는 자격이 생긴다. 공식적으로 매월 개최하는 파트너스 데이에 참가하여 우수한 강사로부터 강의도 듣고 네트워킹 시간을 통해 같이 활동하는 선배 유튜버들에게 노하우도 전수받을 수 있다. 이미 사업장이 있는 나는 사무실이 별도로 필요 없지만 사무실이 필요하거나 사업자 등록주소가 필요한 예비 창업자들에게는 크포 운영 사무실이 있는 건물에서 사무공간도 지원해준다고 들었다. 물론 사무실 공간을 원하는 사람들이 많기 때문에 신청을 받아서 심사를 통과해야 된다는 것은 알고 있었다.

합격 후 첫 크포 파트너스 데이가 9월 20일에 있었는데 나를 축하해주기 위해서 냐야호 님도 참석했고, 나와 같이 크포로 선정된 이프랜드 인플루언서 동료 희윤쌤도 자리를 같이 하였다. 커리큘럼에 따라 강의를 듣고 준비된 음식과 다과로 저녁 식사를 하면서 서로 인사를 나눌 때 나도 1인 미디어 크리에이터의 자격을 얻어서 이 모임의 활동을 같이 한다는 것에 큰 자부심을 느낄 수 있었다. 그 자리에 참석한 사람들에게 일일이 나이를 물어보지는 않았지만 겉으로 보기에도 내가 가장 나이가 들어 보였는데, 나이로 인한 부끄러움보다는 오히려 나이가 들어서도 그들과 어깨를 나란히 할 수 있다는 생각에 나 자신이 충분히 자랑스러웠던 것이다.

크포의 운영을 총괄하는 김익수 책임과 서윤정 선임도 이날 처음 인사를 했다. 공공기관에서 유튜브 1인미디어 그룹을 관리하는데 900명 가까운 회원들의 활발한 활동에 상당한 긍지를 가지고 있다는 것을 충분히 느낄 수 있었다. 크포 인플루언서 중 470여 명이 함께 소통하는 카카오톡 단톡방에도 초대되어 수시로 정보를 교류하지만 무엇보다도 좋은 것은 매월 마지막 목요일에 있는 크포 파트너스 데이가 나한테는 상당히 도움이 되었다. 왜냐하면 유튜브 활동을 하면서 알아야 할 소중한 내용들을 강의로 듣고 유명 크리에이터들과도 경험담을 같이 나눌 수 있는 자리였기 때문이다.

무료 스튜디오 체험

야외에서 촬영을 하는 유튜버들도 있지만 실내에서 콘텐츠를 녹화하는 유튜버들도 많이 있다. 이런 크리에이터들의 소망은 자신의 장비로 꾸며진 공간에서 녹화를 하는 것이지만 유튜브 활동 초기에 거액을 투자하여 녹화 공간을 갖춘다는 것은 큰 부담일 수밖에 없다. 이런 크포 인플루언서들을 위해 서울산업진흥원에서는 스튜디오와 촬영 및 편집 장비를 무료로 대여하여 사용할 수 있는 혜택도 준다.

크포에 지원 신청을 한 후 나야호 님과 함께 무료 스튜디오를 빌려 녹화 체험을 같이 경험해본 적이 있다. 소니 카메라 2대를 대여하여 인터뷰 영상을 같이 찍으며 가장 최적의 오디오 세팅으로 녹화 영상을 제작하는 연습을 해봤는데 이미 4년 전부터 크포 인플루언서로 활동해온 나야호 님의 가이드가 큰 도움이 되는 시간이었다.

크포 멤버들만 활동하는 홈페이지에서 스튜디오 공간과 촬영 장비 대여를 신청할 수 있는데 현재는 스튜디오 6개와 편집실 1개와 카메라, 렌즈, 마이크, 삼각대 등 많은 장비들을 보유하고 있다. 아직 확정되지는 않았지만 2022년 연말에 서울 하이야트 호텔에서 개최되었던 크포 파티에서 서울시장과의 질의 응답시간에 나온 내용이 실현되면 2023년에는 이런 무료 대여 공간이 훨씬 확대될 것으로 예상된다.

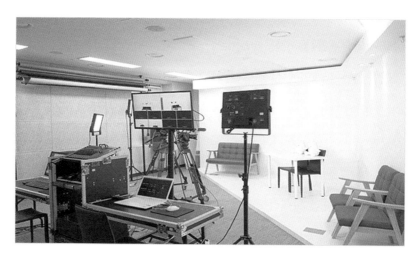

무료 스튜디오, 출처 : SBA 크리에이티브포스 홈페이지

캠페인 도전

크포 인플루언서로 활동을 하다 보면 기업 연계 프로그램 지원 사업의 일환인 많은 캠페인에 신청하라는 공지를 접하게 된다. 우수 중소기업과 크리에이터 매칭을 통한 1인 미디어 활용과 브랜디드 콘텐츠 제작, 지속 가능한 수익 창출 도모 등을 목적으로 크포 인플루언서들을 대상으로 많은 캠페인에 참여할 기회를 주고 있다.

2022년 한 해만 하더라도 총 70개(1인 미디어 홍보 53개, 브랜디드 콘텐츠 제작 17개)의 캠페인이 있었다. 캠페인에 선정이 되어 영상을 제작 후 업로드 하면 내용에 따라 다르지만 약 100만 원 내외의 영상 제작비를 지원받게 된다. 약 900명이 활동하는 그룹 내에서 경쟁률이 꽤 높아 자신의 캠페인 참가 제안서가 선정되기가 쉽지는 않겠지만, 초기 유튜버로서 학습 차원에서 연속적으로 지원해볼 필요가 있다.

다양한 2022년 캠페인들, 출처 : SBA 크리에이티브포스 홈페이지

캠페인마다 한 개 팀의 크리에이터만 선정하는 것은 아니고 보통 3~10팀 정도까지 선정하는 것이 일반적이다. 보통 유튜브 크리에이터로 활동하면서 유료 채널이 되려면 구독자 1천 명, 총 조회시간 4천 시간이라는 1차 관문을 통과해야 한다. 채널 운영을 경험해본 사람이라면 잘 알

겠지만 연예인이나 이미 지명도가 있는 유명인이 아니라면 지속적으로 채널을 관리하면서 꾸준히 영상을 올려도 평균 1~2년 이상 시간 투자를 해야 겨우 달성할 수 있는 관문이다.

그나마 다행인 것은 2023년 2월 초부터는 그동안 보상이 전혀 이루어 지지 않았던 숏츠 영상에서도 수익을 실현할 수 있게 되었다. 이 반가운 뉴스가 나온 이후 2022년 하반기부터 많은 크리에이터들이 너도 나도 숏츠 영상에 집중하고 있다고 해도 과언이 아니다. 숏츠 영상이 유료화 가 되려면 3개월 안에 전체 조회 수가 천만 회를 넘어야 된다. 조회 수 천 만 회라는 조건이 쉽지는 않지만 한번 흐름을 타면 한 개의 영상만으로 도 백만 조회 수가 훌쩍 넘는 경우도 흔히 있기 때문에 내 주위에서도 숏 츠 영상만으로도 쉽게 유료화 채널이 되는 것을 발견할 수 있다.

또 하나 새로운 뉴스는 2023년부터는 유튜브에서 라이브 쇼핑 서비스 도 오픈할 예정이다. 이미 발 빠른 선두 그룹의 크리에이터들은 이 정보 를 먼저 접하고 라이브 쇼핑 관련 채널을 구축하기 시작하고 있다. 이에 발맞추어 네이버의 라이브 쇼핑도 롱폼 영상만 서비스 하다가 숏폼의 명 칭을 '숏클립'이라 칭하고 본격적인 지원에 들어갔다.

위에서 여러 가지 변화와 수익에 대해서 이야기했지만 초보 유튜버들 에게는 수익 채널의 단계에 이르기까지 쉽지 않은 과정이라서 크포 인플 루언서가 되어 지속적으로 기회가 제공되는 캠페인에 도전해보는 것도 긍정적인 의미가 있다고 생각한다.

어비 페스트

2022년 10월 어비 페스트

크포 활동을 하면서 같은 인플루언서이면서 구독자나 조회 수에서 한참 앞서 나가는 선배들의 모습을 부러워했지만, 봉사적 리더십으로 유튜브 초보자들을 이끌어주고 있는 많은 분들이 있는데 특히 검정복숭아 어비 님이 기억에 남는다.

2022년 10월 21일 '어비 페스트'라는 이름으로 의미 있는 유튜브 크리에이티브 컨퍼런스 행사가 있었는데 이 자리에는 약 150명의 유튜버들이 참가했다. 초대 강사로 어비 님 외에도 같이 활동하는 개그맨 이문재 씨와 구독자 10만 명 이상의 많은 유명 유튜버들이 축하와 강의를 해주기 위해서 같이 참여하였다. 딴트공 말방구 실험실(20.3만 명), ASMR로 유명한 레블(구독자 25.2만 명), MKH(12.7만 명), 애니한TV(72.5만 명), 긱블(95.4만 명) 지식인미나니(16.1만 명) 등이 직접 출연하여 축하와 강의를 해주었고, 개그맨 서경석(16.4만 명), 안될 과학 궤도(63.8만 명), Gordo Drummer(113만 명), 숏박스(228만 명), 낄낄상회(160만 명) 그리고 유튜브 본사 커뮤니티 매니저 등이 축전 영상을 보내왔다. Yea studio와 BLT 특허법인에서도 나와서 크레이터로 활동하면서 필요한 영상 제작이나 저작권 문제에 대해서도 상세히 강의를 해주는 자리였다.

이 행사는 어비 님께서 오랫동안 꿈꿔왔던 자리였는데 코로나 때문에 수년간 더 지연되다가 처음으로 마련된 자리여서 더욱 의미가 있었고 마치 파티를 하는 것처럼 즐겁고 소중한 자리였다.

  그날 이후 어비님은 '어비 크루' 소통방을 개설하여 유튜브 채널을 운영하면서 생기는 문제들을 직접 조언도 해주고 같이 활동하는 다른 유튜버들도 적극적으로 도움말을 해줘서 유튜브 초보자인 나에게는 무척이나 도움이 되는 방이다. 위에서 언급했던 숏츠 영상 관련 정보도 이 어비 페스트 행사에서 상세히 들을 수 있었다. 어비님은 이 정보를 2022년 초에 접하고 집중적인 노력 끝에 숏츠 영상으로만 60만 명이 넘는 구독자 채널을 만들었다고 한다.

한국 유튜브와 유튜버의 위상

　유튜브와 관련한 몇 가지 재미있는 통계를 이야기해본다. 2005년 2월 14일에 공식적으로 설립된 유튜브는 2006년 11월, 구글은 유튜브 주식을 16억 5천만 달러에 인수했고 당시에는 매우 위험한 투자로 간주되었으나 2021년 매출 이익으로 약 73억 4천만 달러로 3배 이상을 벌어들였다.

　시장·통계조사기관 스태티스타(Statista) 조사에 따르면 2022년 4월 기준 전 세계에서 유튜브 사용자가 가장 많은 나라는 인도(4억 6,700만 명)이다. 미국(2억 4,700만 명), 인도네시아(1억 3,900만 명), 브라질(1억 3,800만 명), 러시아(1억 600만 명), 일본(1억 200만 명)이 '1억 명 사용자' 클럽에 올라 있다. 한국은 4,640만 명으로 사용자 수 순위에서 전 세계

15위에 위치했다. 전 세계적으로는 26억 명 이상의 사람들이 한 달에 한 번 이상 유튜브를 사용하고 있는 것으로 나타났다. 2022년 기준 크리에이터 경제의 시장 가치는 1,000억 달러(약 130조원)이지만 유튜브 계정의 약 96.6%는 구독자가 10,000명 미만이고 84.2%의 채널이 1,000미만이다. 유튜브 채널을 성장시킨다는 것이 결코 쉽지 않다는 것을 보여주는 통계이다.

가장 많은 구독자를 보유한 유튜브 채널은 인도 최대 음반사인 T-Series이며 2억3,700만 명 구독자를 보유하고 있다. 우리나라는 연예인의 경우 블랙핑크가 8,440만 명, K-POP 가수, 연예 기획사, 방송사, 음원 유통사, 토이, 웹 예능을 제외한 순위에서는 J.Fla라는 커버 가수가 1,760만 명으로 1위이다. 조회 수의 경우 우리나라의 핑크퐁에서 제작한 '아기상어체조 Baby Shark Dance'는 유튜브 동영상 중 가장 많이 본 동영상으로 13억 건 이상의 조회 수를 기록했다.

한국인의 유튜브 사랑은 각별하다. 유튜브 시청은 물론 콘텐츠 생산 측면에서도 세계 최고 수준으로 나타났다. 인구수 대비 국내 수익 창출 유튜브 채널의 개수가 미국, 인도 보다 많은 세계 1위로 확인된다. 유튜브 통계분석 전문업체인 플레이보드에 따르면 2021년 말 기준 국내 광고수익 유튜브 채널은 인구 529명당 1개꼴로 집계됐다. 우리나라 인구 5,178만 명을 수익 창출 채널 9만 7,934개로 나눈 수치다. 유튜브 수익 창출 채널은 구독자 1,000명과 연간 누적 시청시간 4,000시간으로 광고를 붙일 수 있는, 사실상 전업 유튜버 채널을 의미한다. 유튜브의 본고장이자 세계 최대 IT 국가인 미국의 경우 인구 666명당 1개 채널 꼴로 한국에 미치지 못했다. 미국은 유튜브로 광고 수익을 벌 수 있는 채널이 세계에서 가장 많은 49만 6,379개다. 세계에서 두 번째로 수익 창출 채널이 많은 인도(37만 9,899개) 역시 집중도에서는 한국을 따라오지 못했다. 인구 3,633명당 1개 수익 창출 채널을 보유한 것으로 조사됐다. 이 밖에도 브라질(23만 6,839명)은 892명당 1개 채널, 일본(15만 4,599명)은 815명당 1개 채널에 그쳤다.

이도비 보고서에 따르면 2020년 이후 전 세계적으로 1억 6,500만 명 이상의 신규 크리에이터가 등장하면서 관련 경제가 급격히 성장 중이다. 이는 한국에서도 마찬가지다. 보고서에 따르면 지난 2년간 국내에서만 1100만 명 이상의 신규 크리에이터가 탄생하며 미국(3,400만 명), 브라질(73,00만 명)과 더불어 인구 대비 크리에이터 수가 가장 많은 국가 3위로 범세계적인 크리에이터 경제 성장세에 기여한 것으로 조사됐다.

이제 유튜브는 젊은 세대만의 전유물이 아니다. 그래서 은퇴 전후의 시니어 세대들이 다른 어떤 분야보다도 관심을 가지고 공부하고 도전해봐야 되는 분야이기도 하다. 이것이 바로 이 책에서 여러분들에게 주고자 하는 가장 큰 메시지이기도 하다.

크포 송년파티

2022년 12월 크포 송년파티

2022년 12월 20일 서울 하이야트호텔에서 '크리에이티브 포스의 밤'이라는 크포 송년파티가 있었다. 이날 모임에는 사전에 신청을 받아서 선정된 크리에이티브 포스 약 150명과 오세훈 서울시장, 서울산업진흥원 김현우 대표가 참석하였다.

오 시장은 '동행매력 특별시 서울'이라는 주제로 1시간 동안 강연을 했고, 1년 동안 열심히 활동해온 크리에이터들에 대한 시상, 축하 공연 그리고 함께 참석한 크포들끼리 인사를 나누는 네트워킹 행사로 이어졌다. 오 시장의 강연은 서울시가 운영하는 어느 그룹보다도 강력한 스피커들이 모인 크포를 대상으로 그동안 서울시가 추진해온 여러 가지 시정에 대해서 설명하는 자리였는데 그 내용이 상당히 기대되는 부분들이 많아서 기억에 남는다. 특히 오 시장과의 질의응답 시간에 크포를 위해서 오픈스튜디오의 확대와 활발한 콘텐츠 제작 활동을 위해서 박물관이나 고궁 같은 공공시설에 무료나 저렴한 비용으로 참가할 수 있는 패스를 만들어 달라는 제안을 흔쾌히 받아들여 긍정적인 답을 주겠다고 하였다. 그리고 서울산업진흥원 김현우 대표가 서울에서 한국형 비드콘 (VIDCON) 행사를 개최해보자는 제안에 참가한 대부분 크포들의 열렬한 환호와 함께 오 시장도 "그렇게 한번 해보죠."라는 화답으로 2023년에는 온라인에서만 만나던 세계적인 유명 유튜버들을 서울에서 만날 수도 있다는 기대감에 분위기가 한층 고무되기도 했었다.

행사를 하는 동안 모든 참가자들이 입장할 때 받은 크리에이티브 포스 로고가 새겨진 점퍼 일명 '크잠'이라고 불리는 점퍼를 입었다. 대학 시절 '과잠'이라는 것을 입어보지 못한 세대인 나로서는 또 다른 행복한 경험이었다. 행사 초반에 오 시장이 우리가 크잠을 입은 모습이 멋있게 보였던지 당신에게도 줄 수 있느냐고 요청하였다. 행사 담당자가 점퍼를 전달해주자 행사 내내 입고 같이 웃으며 사진을 찍는 모습 또한 인상적이었다. 크포의 자부심을 다시 한 번 실감하는 자리였다.

후일담이지만 2023년 2월 23일 크포 파트너스데이가 서울 상암동 소재 크포 회의실에서 개최되었는데 이날 행사 진행을 총괄한 서울산업진흥원 김익수 책임이 공식적으로 연말파티 때 논의되었던 한국형 VIDCON인 '서울콘 SEOULCON'이라는 이름으로 확정이 되어 2023년 12월 30일부터 3일간 서울에서 개최된다고 발표를 하였다. 아직까지는 구체적인 실행 계획까지는 나오지 않았지만 전 세계 약 5,000명의 유튜버들이 모이는 행사가 될 거라고 예고를 해주었다. 연말에 크포의 일원으로 서울콘에도 같이 참석할 것으로 예상되어 벌써부터 마음이 설렌다.

GPE

GPE, 즉 Google Product Expert라는 말을 들어본 적이 있는가? 한국에는 약 300만 명 이상의 유튜버 크리에이터들이 활동하고 있다고 들었다. 다른 채널 운영자보다 조금 잎신 정보들을 전달받고 베타테스터 역할도 하면서 일반 유튜버들을 위해서 그들이 궁금해하는 사항에 대해 답신도 해주고 자신들의 채널을 통해서 새로운 정보를 제공해주는 활동하는 리더들이 있다. 그들을 GPE라고 한다.

내가 크포 인플루언서로 활동하면서 만났던 행운 중의 또 하나가 한국에서 활동하는 GPE들이 극히 소수인데 그중 여러 명을 직접 만날 수 있었다는 것이다. 앞에서 언급한 검정복숭아 어비 님을 포함해서 지금부터 이야기할 피키피디 님과 유튜브 훈련소 님이 모두 GPE 중에서도 플래티넘 등급들이다. GPE도 브론즈, 실버, 골드, 플래티넘과 다이아몬드 등급으로 나누어져 있다. 2022년 연말에 싱가포르에서 개최한 구글 전문가 서밋에서 한국 대표로 위 세 분이 같이 참가하였고, 피키피디 님은 비디오 크리에이터 어워드까지 수상했다는 소식도 단체채팅방에서 직접 전해 들었다.

시니어 유튜버로서 활동하면서 평소 쉽게 만날 수도 없는 이런 리더들과 만나서 같이 대화하고 교류할 수 있다는 것이 내가 2022년 크포 인플루언서가 되어 받은 가장 큰 행운이 아닐까 싶다. 특히 피키피디 님은 내가 활동하는 이프랜드에서도 6기 인플루언서로도 같이 활동하고 있다. 얼마 전 피키피디 님 밋업에 참석하여 긴 시간 동안 대화를 나누면서 나중에 호몽캠프에도 출연해달라고 했을 때 긍정적인 답을 해줘서 무척 의미 있는 추억의 시간이었다.

참고로 GPE에 관심 있고 도전해보고 싶은 사람들을 위해서 구글에서 안내한 글을 아래에 적어본다.

Product Expert 프로그램이란 무엇인가요?
Product Expert 프로그램은 Google의 슈퍼 유저 커뮤니티입니다.

Product Expert의 역할은 다음과 같습니다. Google 제품을 즐겨 사용하는 전 세계 Google 사용자로 구성된 글로벌 네트워크를 대변합니다. 지식을 열정적으로 공유합니다. Google 도움말 커뮤니티에서 다른 사용자를 지원합니다.

전문가가 되면 Google 도움말 커뮤니티의 특별 배지, Google 직원에게 직접 제품 관련 의견 제공, 베타 테스트 참여 기회, 전문가 전용 이벤트 참석과 같이 독점적으로 제공되는 프로그램 혜택을 받을 수 있습니다.

1.1.1. 프로그램 가입하기

productexperts.withgoogle.com에서 Product Expert 프로그램에 가입합니다. 가입하고 나면 내 Product Expert 프로필로 이동되는데, 여기에서 Google 도움말 커뮤니티에 액세스하여 원하는 제품 커뮤니티의 사용자를 지원할 수 있습니다.

Product Expert 프로필을 사용하면 내가 참여 중인 Google 도움말 커뮤니티에서의 모든 활동 기록을 통해 Product Expert 프로그램 진행 상황을 추적할 수 있습니다.

1. productexperts.withgoogle.com으로 이동합니다.
2. '가입'을 클릭합니다.

3. 아직 로그인하지 않았다면 Google 계정에 로그인합니다.

4. 관심 있는 제품과 선호하는 언어를 선택합니다.

5. 서비스 약관에 동의합니다.

6. '수락'을 클릭합니다.

1.1.2. 참여 시작하기

참여하려면 Google 도움말 커뮤니티에서 사용자 질문에 답하고 지식을 공유하세요.

참여 단계

1. Product Expert 프로필에서 '내 커뮤니티' 아래의 '모든 커뮤니티'를 클릭합니다.

2. 참여할 제품 커뮤니티를 선택합니다.

3. 왼쪽 상단에서 '커뮤니티' 탭을 클릭하여 선택한 제품의 Google 도움말 커뮤니티에 액세스합니다.

4. 커뮤니티 대화목록을 탐색하여 사용자 질문에 답변하고 제품 지식을 공유합니다.

1.1.3. Product Expert 상태 및 포인트

Product Expert 프로그램에는 브론즈, 실버, 골드, 플래티넘, 다이아몬드의 5가지 등급이 있습니다. Product Expert는 참여 중인 각 Google

도움말 커뮤니티에서 특정 포인트 기준점을 충족하면 등급을 업그레이드할 수 있습니다.

등급	기준점
브론즈 회원*	100포인트, 추천 답변 1개
실버 Product Expert(실버 GPE)	300포인트, 추천 답변 3개
골드 Product Expert(골드 GPE)	1,000포인트, 추천 답변 10개
플래티넘 Product Expert(플래티넘 GPE)	2,500포인트, 추천 답변 25개
다이아몬드 Product Expert(다이아몬드 GPE)	5,000포인트, 추천 답변 50개

*브론즈 회원 등급은 자동으로 부여되지만 이후 모든 등급은 커뮤니티 매니저가 변경해야 합니다. 커뮤니티 매니저는 커뮤니티에서 정확하고 유용한 답변을 제공하는 열정적인 사용자를 찾습니다.

포인트 적립 방법

Google 도움말 커뮤니티에서 사용자 질문에 답변하여 포인트를 얻으세요.

게시물에 답글 작성	1포인트
추천 답변 제공*	10포인트

*다른 사용자가 내 답글을 '추천'으로 표시하면 추천 답변으로 인정됩니다.

타이탄 철물점

이 글을 쓰고 있는 또 하나의 계기가 된 타이탄 철물점에 대해서도 이야기하고 싶다. 어비 페스트 후에 '어비 크루' 방에서 타이탄 철물점이란 닉네임으로 활동하는 분을 만나게 되었다. 초등학교 교사로 근무하면서 처음에는 부업으로 로고 디자이너로 활동을 하다가 블로그에 콘텐츠로 수익을 얻는 글들을 올리게 되었고 그것이 인기를 얻자 학교에서 퇴직을 한 후 프리랜서도 활동을 하는 분이었다.

그러다 타이탄 철물점님과 어비님이 만나 협업을 해나가는 과정에서 그에 대해 알게 된 것이다. 줌 강의를 통해서 처음 핸섬한 얼굴을 봤는데 특히 나를 자극한 것은 전자책을 출판하여 무료로 배포하는 방법으로 유튜브 크리에이터나 블로거가 되기를 원하는 사람들을 모집하여 유료 강의를 진행하는 비즈니스를 추진하는 포인트였다.

나도 무료 전자책을 다운로드 받아 읽으면서 내 책 쓰기에 대한 의지가 더 확실해졌다. 사실 거의 20년 전부터 매년 갱신하는 나의 버킷리스트에는 책 쓰기가 한 번도 빠진 적이 없었는데 스스로에게 이런저런 핑계를 대면서 미루고 있던 자신에 대해 크게 반성하게 되었다. 그래서 더 이상 미루지 말고 2023년 초반 3개월 이내에 책 한 권을 출판해보자고 결심하였다.

집필 초기에는 평소 주위 사람들에게 자주 이야기하던 일하면서 소풍처럼 인생을 즐기자는 의미의 '워크닉(Worknic)'에 대해서 글을 쓰고 있었다. 하지만 보편적인 삶의 철학을 전달하는 측면에서는 의미가 있으나 전달 메시지가 강하지 못하다는 생각이 들어서 주위 지인들에게 물어보았다. 그러던 중 내 나이에 메타버스나 유튜브에서 인플루언서로 활발하게 활동하는 게 흔하지 않고 한 발 더 나아가 사람들에게 귀감이 될 수 있으니 '시니어 인플루언서'에 관련되는 글을 써보라는 제안을 받았다. 우리나라에서도 점점 시니어 층의 분포가 늘어나고 있는 시점에서 이 글은 매우 의미가 있다고 생각하여 시니어 인플루언서로서 행복한 삶에 대한 가이드 역할을 할 수 있는 이 책을 쓰게 된 것이다. 그리고 시니어 인플루언서에게도 워크닉 마인드가 매우 중요하므로 워크닉에 대한 내용은 별도의 장에서 다루기로 한다.

글을 쓰는 동안 참고자료를 찾다가 '글천개'라는 유튜버의 영상을 본적이 있다. 모니터를 뚫고 나올 듯이 저돌적으로 그리고 아주 스피디하게 메시지를 전달하는 글천개 님 영상을 보고 있자니 문득 내 젊은 시절 생각이 났다. 20여 년 전 로버트 기요사끼의 『부자 아빠 가난한 아빠』라는 책이 한참 유행이던 시절에 나도 잠시 교육 사업에 뛰어들어 200명의 청중 앞에서 '부자로 가는 길'에 대해서 열정적으로 강언하던 경험이 있기 때문이다.

유튜버 글천개님의 한마디 한마디가 내 뇌리를 강하게 자극하였고 거기에다 타이탄 철물점 님이 준 동기 부여로 인해서 더 적극적으로 글을 쓰게된 것이다. 이 책을 과연 몇 명의 독자들이 읽어줄지 상상하기 어렵다. 하지만 현재 우리는 86.6세인 여성 평균 기대수명에 이어 남성들도 80.6세가 넘어 전체 기대 수명이 83.6세인 시대에 살고 있다. 많은 이들이 퇴직후에 무엇을 하며 의미 있는 삶을 살 것인가를 고민하고 있다는 것을 잘알고 있다. 내 글이 독자들에게 조금이라도 자극이 되고 한 발이라도 행복으로 나아갈 수 있는 가이드가 된다면 이보다 더한 보람이 없겠다.

시니어 인플루언서

내 주위에 친구들이나 사업상 만나는 사람들과 대화를 하다 보면 자주 접하는 현상들이 있다. 새로운 것에 대한 도전보다는 지금까지 살아왔던 경험을 토대로 편안한 삶을 살려고 하는 사람들이 대부분이다. 하지만 성격상 항상 새로운 기술과 새로운 트렌드를 갈구하는 나로서는 그런 사람들과의 만남에서 항상 만족하지 못함을 느낀다.

그래서 새로운 취미 활동도 지속적으로 모색하고 있지만 2021년부터 시작한 메타버스에서의 인플루언서 활동과 2022년에 유튜브 크리에이터들의 모임인 크포 인플루언서로 선정되는 행운이 결코 우연히 찾아온 결과가 아니라고 생각한다. 평소 모든 것에 좀 더 적극적으로 그리고 열정적으로 임하는 자세가 이런 기회가 올 때 망설임 없이 도전하는 계기가 되었다고 생각한다.

현재 메타버스에 집중되는 세상 사람들의 관심이 언제까지 이어질지는 불확실하다. 하지만 적어도 이런 관심이 유지되는 동안에는 인플루언서로 열심히 활동할 계획이다. 나이를 초월하여 많은 젊은이들과 소통하고 그들이 가지고 있는 사고와 지식을 공유하면서 나 자신이 좀 더 성장할 수 있는 기회를 가진다는 것에 크게 자부심을 가진다. 혹시 나와 비슷한 연령대의 독자가 이 글을 읽고 있다면 나의 이런 행보가 여러분들에게 조금이라도 동기 부여가 되길 바란다.

요즘은 나이가 들고 경험이 많은 것을 결코 자랑거리로 내세울 게 못된다. 물론 업무적으로 일을 할 때 일부 경험은 꽤 도움이 된다는 것은 인정한다. 하지만 요즘처럼 기술과 정보의 변화 속도가 초음속 비행기처럼 빨리 움직이는 세상에서는 오히려 젊은 세대들의 스피디한 정보 습득 능력이 훨씬 더 경쟁력이 있다고 본다. 수십 년 전에 대형도서관이나 슈퍼컴퓨터에 있는 정보들이 지금은 손바닥 안 휴대폰에서 모든 것을 찾아볼 수 있는 세상이니 더 말하는 게 무슨 의미가 있겠나.
나는 언젠가부터 젊은 사람들한테 충고를 하지 않겠다는 다짐을 하면서 산다. 개인적인 생각일지 모르지만 요즘 Z세대로 호칭되고 있는 젊은이들은 기성세대와는 달리 태어날 때부터 인터넷 기반의 세상에서 살아왔고 어릴 적부터 스마트폰을 손에 쥐고 있었기에 정보의 습득 능력과 속도 측면에서 기성세대보다 적어도 열 배 이상 빠르다고 해도 과언이 아니라는 생각을 가지고 있다. 이런 Z세대들의 특성을 이해하지 못하고 단순히 인생을 먼저 살아온 선배라는 이유 하나 때문에 그들에게 조언을 하다가는 요즘 하는 말로 '라떼'라는 말을 들을 수밖에 없고 겉으로 표현은 하지 않을지 모르지만 자연스레 왕따 시키는 경우도 많다.

솔직히 나도 메타버스란 공간에서 모든 젊은이들과 소통이 잘되는 것은 아니다. 특히 처음 만나는 젊은 친구들은 자신보다 한참 연장이다 싶으면 우선 경계부터 하는 사람도 있다. 하지만 이미 1년 이상 메타버스에서 활발하게 교류하며 활동해온 것이 알려지는 순간 오히려 그들이 먼저 마음의 문을 열고, 도움을 청하거나 같이 소통하려고 노력하는 것을 많이 경험했다. 얼마나 다행인지 모른다. 그래서 길지 않은 1년여의 기간을 메타버스에서 꾸준히 활동하는 것에 상당히 자긍심을 가지고 있다.

아직 유튜브 크리에이터로서의 크포 활동은 이제 시작 단계이기 때문에 실적을 말할 단계는 아니다. 하지만 지금도 매일 퇴근 후에는 유튜브 영상 편집을 연습하고 관련 지식을 청취하며 매일매일 좀 더 발전된 방향을 위해서 노력하고 있다. 2023년에는 위에서 언급한 여러 가지 크포 캠페인에도 계속 도전을 해볼 예정이다. 만약 선정이 되면 제작비를 지원받아서 영상을 제작하는 기회도 얻을 수 있기 때문이다. 이를 위해 지금 내가 운영하는 '시니어인플루언서 호몽' 채널에는 주로 토크쇼 영상을 올리지만, 각종 인터뷰 영상과 관심이 있는 여러 가지 콘텐츠들을 분야를 가리지 않고 올리고 있다. 이런 시도를 통해서 좀 더 경쟁력 있고 나와 잘 어울리는 카테고리를 찾아서 채널을 운영하는 성공 크리에이터로 발전할 수 있을 것이라고 생각한다.

주위 대부분 친구들이 직장 생활을 마감하고 은퇴 후의 삶을 설계하고 있는 시점에서 나는 인플루언서라는 새로운 세상에 도전하고 산다는 것에 신기하면서도 부럽다는 말을 들을 때가 많다. 그들은 내가 활동하는 분야에 쉽게 도전하지 못하는 자신들을 잘 알기 때문이다. 그래서 행복하고 멋진 인생을 사는 내가 항상 자랑스럽다. 이런 이유로 지금보다 책임감 있는 인플루언서로 활동하고자 하는 내 열망이 더욱 강렬해진다. 요즘 유튜브 채널 운영자도 급증하고 있다. 1인 미디어 시대라 불릴 만큼 다양한 콘텐츠가 쏟아지고 있는데 이중 단연 눈에 띄는 건 이른바 '직장인 유튜버'다. 회사 생활 노하우에서부터 취미 생활까지 소재도 각양각색이다. 최근엔 연예인들도 속속 대열에 합류하고 있어 눈길을 끈다.

개그맨 강유미 씨는 구독자 115만 명의 '좋아서 하는 채널'에서 자신의 일상을 담은 브이로그 영상을 꾸준히 올리고 있으며, 배우 신세경 씨는 141만 명 구독자가 있는 자신의 이름으로 된 채널에서 반려견과의 일상을 공개하기도 했다.

이렇듯 전문 영상 제작자가 아닌 일반인도 쉽게 도전할 수 있다는 장점 덕분에 직장인 유튜버는 앞으로도 계속 늘어날 전망이다. 하지만 무턱대고 덤볐다가는 낭패 보기 십상이다. 우선 구독자 확보가 쉽지 않다. 구독자 1천 명에 총 4천 시간의 조회가 달성되어야 수익화 채널이 되는데 위에서 예를 든 연예인 같이 인기 유튜버라면 모를까 평범한 직장인에게는 쉽지 않은 단계이다.

또 하나 주의해야 할 점은 저작권 문제다. 무심코 올린 동영상이 자칫 법적 분쟁으로 이어질 수도 있기 때문이다. 따라서 반드시 출처를 밝히고 사용 허락을 받아야 한나. 마지막으로 악플에도 신경 써야 한다. 얼굴이 노출되는 경우 악성 댓글에 시달릴 확률이 높다. 이럴 땐 그냥 무시하는 게 상책이다. 일일이 대응하면 스트레스만 쌓일 뿐이다.

배움에는 나이가 없다고 한다. 많은 사람들은 생각만 하고 실천을 하지 못하는 경우가 많다. 내 카카오톡 프로필에 '計劃不如實踐 實踐不如習慣, 계획보다는실천, 실천보다는 습관'이라는 글이 적혀 있다. 내가 만든

이 문구를 기억해주길 바란다. 10명 중에 9명이 계획 없이 생활하고, 계획을 세운 10명 중에 또 9명은 실천을 하지 못하고, 실천한 10명 중에 1명만이 습관화 단계에 들어간다는 것을 상기시키고 싶어 만들었다. 그만큼 어떤 일에 있어서 전문가가 되거나 성공을 한다는 것은 결코 쉽지가 않다. 그렇지만 머릿속의 생각으로만 멈추고 제대로 실행해보지 못한 사람은 성공의 문턱 근처에도 가지 못하기 때문에, 자신이 하고 싶은 것이 있으면 당장 실천해보라고 조언드리고 싶다.

시작부터 만족스러운 단계에 이르는 사람은 아무도 없다. 계획한 것을 실행하다 보면 능숙해지고 시간도 단축된다. 이런 경험이 쌓이다 보면 어느 순간 전문가가 되어 성공의 반열에 도달한 자신을 발견하게 된다. 『1만 시간의 법칙』이란 책 이야기도 해드리고 싶다. 여기서 1만 시간이라는 것은 약 10년의 기간을 말한다. 여러분들이 어떤 분야에 도전해서 1만 시간, 즉 10년이란 세월이 흐르면 모두 그 부분의 전문가가 될 수 있다. 그러려면 매일 평균 3시간 이상 목표한 일에 시간과 노력을 투자해야 한다. 무엇이든 중단하지 않고 꾸준히 한다는 것은 결코 쉽지 않은 일이다. 이 글을 쓰고 있는 시점은 2023년을 이제 막 출발하는 시기다. 이 책을 통해서 많은 시니어들이 나와 같은 인플루언서가 아니더라도 자신이 가장 좋아하는 새로운 세상에 도전하는 계기가 되었으면 좋겠다.

## 3장

인플루언서 필수 마인드,
워크닉 Worknic

왜 워크닉인가?

이 장에서는 워크닉에 대해서 이야기 하려고 한다. 워크닉은 워크와 피크닉의 합성어 Work+picnic=worknic이다. 이 워크닉은 내가 십여 년 전에 만든 말인데, 지금부터 왜 워크닉을 만들고 사용하는가에 대해서 설명하려고 하니, 독자들도 이 단어의 개념을 정확히 이해하고 지금보다 조금 더 행복하게 살았으면 하는 바람이 있다.

직장인들에게 있어 일만큼 중요한 것이 바로 휴식이다. 하지만 아이러니하게도 정작 제대로 된 휴식을 취하는 사람은 많지 않다. 한때는 나 역시 마찬가지였다. 사업하느라 늘 바쁘게 살다 보면 쉬는 날에도 뭔가를 해야 한다는 강박관념에 사로잡혀 있었다. 그러다 문득 내 자신이 불쌍하다는 생각이 들었다. 주말 내내 TV 앞에 앉아 있거나 잠만 자는 모습이 한심하게 느껴졌다.

결국 이대로는 안 되겠다 싶어 새로운 결심을 하게 됐다. 그것은 바로 '일과 삶의 분리'였다. 물론 쉽지 않았다. 퇴근 후 집에 돌아오면 나도 모르게 소파에 누워 휴대폰을 만지작거리거나 TV 시청을 했었다. 또 잠들기 전까지 침대에 누워 유튜브나 영화를 봤다. 심지어 화장실 갈 때조차 휴대폰을 들고 갔다. 이러다 보니 평일 업무 효율이 떨어질 수밖에 없었다. 악순환의 연속이었다.

그러던 어느 날 우연히 『일 잘하는 사람은 단순하게 합니다』라는 책을 읽게 됐다. 저자 박소연 님은 이렇게 말한다. "휴식이야말로 진정한 창의성의 원전입니다. 그러니 제발 쉬세요. 푹 쉬세요. 그래야 진짜 일을 잘할 수 있습니다." 순간 망치로 머리를 얻어맞은 기분이었다. 맞다. 어쩌면 지금 내게 필요한 건 쉼표였는지도 모른다.

그날 이후 난 과감히 모든 걸 내려놓았다. 그리고 정말 오랜만에 아무 생각 없이 아무것도 하지 않고 그냥 쉬었다. 그러자 놀랍게도 마음이 편안해졌다. 그제야 알았다. 열심히 일하는 것 못지않게 잘 쉬는 것도 중요하다는 사실을.

워라밸(Work and Life Balance), 즉 일과 삶의 균형이라는 뜻의 이 말은 직장인들 사이에서 유행처럼 번진 적이 있었다. 그만큼 일보다는 개인의 삶을 중시하는 분위기가 확산되고 있다는 의미일 것이다. 하지만 일각에서는 우려의 목소리도 나오고 있었다. 업무 효율 저하 및 생산성 감소 등 부작용이 만만치 않을 거라는 지적이다. 물론 일리 있는 말이다.

퇴근 후에도 회사 일을 떠올리거나 부서 직원으로부터 연락이 오면 스트레스를 받을 수밖에 없다. 나 역시 한때 과도한 업무량 탓에 극심한 스트레스를 받은 적이 있었다. 그때 깨달은 건 적당한 휴식이야말로 최고의 능률을 올릴 수 있는 원동력이라는 사실이었다. 따라서 무작정 워라밸을 추구하기보다는 자신만의 기준을 세우는 게 중요하다. 그래야 과중한 업무 부담으로부터 자유로워질 수 있고 보다 나은 성과를 낼 수 있기 때문이다.

여전히 한국 사회에서는 '워라밸'이라는 단어 자체가 생소한 사람들이 많다. 왜 그럴까? 그리고 요즘 시대에 정말 필수 요소일까? 워라밸은 보통 주 5일 근무제 시행 후 생겨난 개념인데 2000년대 초반 유럽에서부터 확산되기 시작했다. 미국에서는 실리콘밸리 IT기업들이 먼저 도입하기 시작했고 일본 역시 2006년부터 정부 차원으로 적극 권장했다. 그럼에도 불구하고 우리나라는 여전히 갈 길이 멀다는 지적이 나온다. 우리나라는 2021년 기준 OECD 국가 중 노동시간 5위이자 연간 근로시간 1,915 시간으로 OECD 평균보다 200시간이나 많다. 물론 예전보다는 많이 나아졌다고는 하지만 여전히 야근 및 주말 근무가 흔한 모습이다.

일과 생활은 시소게임이 아니다. 아마존 CEO 제프 베조스의 말이다. 당신은 현재 행복한가? 일뿐만 아니라 우리 삶에서는 휴식 또한 매우 중요하다. 하지만 바쁜 일상 속에서 나 자신만의 시간을 갖는다는 것은 결코 쉬운 일이 아니다.

따라서 앞으로의 인생을 위해서라도 일과 개인 생활의 균형을 맞추기 위해서 어떻게 해야 할까? 일단 기본적으로 내가 원하는 라이프 스타일이 무엇인지 알아야 한다. 그리고 그것을 실현하기 위한 구체적인 계획을 세워야 한다. 마지막으로 목표를 달성하기 위해 꾸준히 노력해야 한다. 자, 그럼 위 세 가지 단계를 통해 보다 효율적으로 워라밸을 맞출 수 있는 방법에 대해 알아보자.

우선 자기계발을 게을리해선 안 된다.

회사 업무에만 매달리다 보면 정작 다가올 시니어 세대를 준비하는 데 소홀해질 수 있기 때문이다. 물론 쉽지 않은 일이지만 지금 당장 하지 않으면 나중에 더 힘들어질 수도 있다. 그러므로 퇴근 후나 주말만이라도 틈틈이 공부하자. 만약 여건상 힘들다면 출퇴근길 지하철에서라도 책을 읽거나 어학 공부를 하는 식으로 자투리 시간을 활용하면 된다.

다음으로 건강관리에 신경 써야 한다.

체력이 뒷받침되지 않으면 무슨 일이든 제대로 해낼 수 없다. 규칙적인 운동이야말로 최고의 보약임을 명심하자. 특히 20, 30대처럼 피로 회복력이 빠르지 못한 50대 이후에는 규칙적인 운동이 필수이다. 오늘 한 시간의 운동을 하면 내일 두 시간을 지탱할 수 있는 에너지를 준다고 굳게 믿고 운동을 하자.

끝으로 가족과 함께 보내는 시간을 늘려야 한다.

혼자서는 절대 살아갈 수 없는 세상이다. 더불어 사는 사회라는 말도 있지 않은가. 소중한 사람들과 좋은 추억을 많이 쌓아야 힘든 순간이 와도 버틸 수 있다. 특히 40대까지 바쁘게 살아온 시니어 세대들은 가족들 특히 아내와 함께하는 시간에 대해서 낯설어 하는 사람들이 많다. 그럴수록 더욱 더 아내와 함께 할 수 있는 취미나 운동을 찾아 노력할 필요가 있다.

직장 생활에서 신규로 계약을 하기 위해서 노력한 것보다 더 열정을 가지고 아내와 가족에게 시간 투자를 하고 진실된 마음으로 그들을 사랑해야 한다. 이미 수십 년 동안 다른 생활공간 속에서 살아온 가족들에게 돌아가 시간을 같이 하는 것은 생각보다 쉽지가 않다. 하지만 절대 포기하지 말아야 한다.

워크닉 즐기기

저자는 스마트 공장과 관련된 사업을 하고 있다. 일전에 아산에 있는 회사에 장비를 설치하는 건으로 출장을 간 적이 있다. 직원들은 설치를 위해 사전에 출발을 했고, 나는 작업을 감독하고 부수적인 업무 처리를 위해 간 것이다. 그날 나는 평소 타고 다니는 승용차가 아닌 '호몽'이라는 이름을 가진 캠핑카를 타고 아산으로 출발했다. 즉, 일을 하러 가면서 여행할 준비를 같이하고 출발한 것이다. 장비 설치는 목요일에 시작해서 금요일에 끝나는 일정이었고 미리 담당자와 협의하여 이러한 일정을 맞췄다.

금요일이면 한 주의 업무는 종료가 되니까 사전에 아내와 천안아산

역에서 만나자고 약속을 하고 출장을 시작했다. 금요일 오후에 아내가 KTX를 타고 아산으로 내려와서 단풍으로 유명한 아산 곡교천 은행나무 길에서 시작하여, 서산 해미읍성, 고창 선운사, 고창읍성을 여행하는 일정을 같이했다.

　일부러 일을 하고 난 뒤 주말에 따로 여행을 하려면, 별도의 시간과 경비가 드는데 일을 하면서 미리 여행 계획까지 같이 잡아서 움직이면 여러 가지 측면에서 효율적이 된다. 특히 수도권에 사는 사람들은 주말에 외지로 여행을 가려면 항상 차가 막히니까 여행을 시작하기도 전에 스트레스가 쌓이는 경우가 많다. 하지만 이렇게 미리 계획을 세워서 움직이면 여행의 즐거움도 배가 된다고 할 수 있다.

아산 곡교천 은행나무길

이렇게 직접 실행했던 경험을 이야기했는데 이게 바로 워크닉이다. 일도 하고 소풍도 가는 것. 이렇게 일을 하면서 평소에 좋아하는 여행을 하면 도로 정체 상황도 피하면서 다닐 수 있으니 여러모로 행복한 결과를 가져오고 부수적으로 주유비와 시간도 아낄 수 있다.

또 다른 예로 직장인들이 해외 출장을 갈 경우 업무상 반드시 필요한 일이지만 한편으로는 부담스러운 일이기도 하다. 특히 경험이 많은 직장인들에게는 낯선 환경에서 외국인들 만난다는 건 건 결코 쉬운 일이 아니기 때문이다. 게다가 일정 내내 긴장감 속에서 지내다 보면 피로가 누적되어 귀국 후 후유증에 시달리기 십상이다. 하지만 해외 출장을 갈 때 자신만의 노하우가 생기면 출장지에서의 생활이 한결 편해진다.

이른바 '출장과 여행의 병행'이라는 방식인데 간단히 말하자면 현지 문화를 최대한 즐기면시 동시에 비즈니스 미팅까지 소화하는 것이다. 물론 모든 상황에서 적용될 수 있는 만능 해법은 아니지만 적어도 내게는 꽤 유용하게 쓰이고 있다. 먼저 숙소 선정 시 관광 명소 근처보다는 도심 외곽 지역을 선호한다. 그래야 이동거리가 짧아져 체력 소모를 줄일 수 있기 때문이다. 그리고 가급적 호텔 대신 게스트 하우스 같은 숙박 시설을 이용한다. 가격 대비 만족도가 높고 현지 분위기를 제대로 느낄 수 있어서다. 마지막으로 저녁 식사는 되도록 로컬 식당에서 해결한다. 현지 외국인들과 자연스럽게 어울릴 수 있는 환경이 만들어지기도 하니 여러모로 도움이 된다. 해외 음식들도 호불호가 없이 잘 먹고, 낯선 사람들과의 만남에서도 전혀 거리낌 없이 즐길 수 있는 성격이기에 나는 일찌감치 이런 방식의 해외 출장 스케줄에 익숙해졌다. 여태까지 정해진 일정에만 충실한 해외 출장을 하였다면 내가 추천하는 대로 좀 더 현지에 가까워지려고 노력하면서 출장 스케줄과 여행 콘셉트를 섞어서 시도해보길 권한다. 의외로 행복한 추억이 훨씬 많이 생기는 의미 있는 출장이 될 것이다.

워라블과 워크닉

최근에는 일과 삶의 균형이라는 뜻의 '워라밸' 대신 '워라블(Work and Life Blending)'이라는 신조어도 등장했다. 일(Work)과 삶(Life) 그리고 놀이(Play) 세 가지 영역 모두 조화롭게 균형을 유지해야 한다는 의미다. 언뜻 보면 매우 그럴듯해 보이지만 실상은 전혀 그렇지 않다. 왜냐하면 진정한 워라블은 자신이 원하는 대로 자유롭게 선택할 수 있어야 하기 때문이다. 하지만 현재 직장인들에게 주어진 상황은 결코 녹록지 않다.

회사에서는 업무 외에도 회식 등 각종 행사에 참여할 일도 잦다. 늦은 시간에 퇴근하여 집에 오면 피곤해서 바로 잠자리에 들기가 일쑤고 주말에는 가족과의 시간을 보내야 하므로 온전히 개인만의 시간을 갖기 어렵다. 결국 여가 생활까지 포기하게 되는 셈이다. 이렇게 되면 주중 내내 열심히 일하고 주말 이틀 동안에도 제대로 쉴 수 없는 꼴이 된다. 제대로 된 워라블과는 거리가 멀다. 따라서 진짜 워라블을 실현하려면 내가 먼저 근무 환경 개선을 하는 것이 시급하다. 불필요하게 일을 늘려 야근하는 습관을 없애고 정시 퇴근을 지킴으로써 저녁이 있는 삶을 누릴 수 있도록 하여야 한다. 그래야 취미 생활이든 자기계발이든 마음껏 즐길 수 있지 않겠는가? 아직도 많은 직장의 관리직들이 퇴근 시간 이후에도 바로 퇴근을 하지 않고 직장에서 앉아 시간을 보내는 사례를 많이 봤다. 수십 년 동안 그런 습관이 몸에 배어 막상 일찍 퇴근을 해도 무엇을 해야 될지 모르기 때문에 일어나는 현상일 수도 있다. 그렇다고 퇴근 후에 반드시 처리해야 할 일이 있는 것도 아니다. 오늘부터라도 당장 정시 퇴근하는 습관을 길러야 한다. 그래야 다가올 미래에 더 행복해질 준비를 할 수 있다

워크와 라이프를 섞는다는 의미의 워라블은 일과 생활을 잘 융합하자는 말이다. 일과 삶의 균형을 찾는 워라밸과 다르게, 워라블은 업무와 일상생활의 적절한 조화를 추구하는 생활 방식을 말하는 것이다. 코로나 팬데믹 시기를 거치면서, 재택근무를 하는 회사가 많이 늘어나게 되었는데 이러한 현상에 발맞추어 사람들이 워라블을 선호하는 추세로 전환되

고 있다. 일을 단순한 경제활동 수단으로 여기지 않고, 업무 시간 외에도 업무와 연결 가능한 취미 생활을 하면서, 커리어를 쌓아 일을 자아실현 방법으로 변화시키자는 것이다.

그런데 워라블, 이게 앞에서 제가 이야기한 것과 비슷하지 않은가? 그렇다. 워라블이 바로 워크닉이다. 워라블이라고 하면 뭔가 단어가 좀 어렵게 들리는데 워크닉이 훨씬 쉽게 다가오지 않는가? 몇 년 전 삼성경제연구소에서 만든 자료를 보다가 처음 워라블이란 단어를 발견했다. 그런데 워라블을 설명하는 글을 읽다 보니, 그게 바로 워크닉이란 생각이 드는 것이다. 워크닉은 내가 워라블을 만나기 훨씬 전부터, 만들어서 사용하는 단어였으니까. 그래서 그 순간부터 나는 주위 사람들에게 워라블이라는 단어보다는, 의미 전달이 좀 더 쉬운 워크닉을 알리는 전도사가 된 것이다.

취미 생활이 곧 일, 일이 곧 취미

아직도 직장인들에게 취미 생활은 사치라고 여겨지는 경우가 많다. 퇴근 후에도 업무 스트레스로부터 자유로울 수 없기 때문이다. 하지만 최근 들어 자신만의 취미 활동을 통해 삶의 활력을 되찾고 새로운 인생을 설계하는 사람들이 늘고 있다. 이른바 '덕업일치'라는 신조어가 생길 정도로 일과 취미 활동을 병행하는 사례가 많아졌다.

덕업일치(덕業一致)란 덕후가 될 정도로 좋아하는 관심사를 직업으로도 삼는다는 의미인데 주로 스포츠 스타나 연예인 등 인기 직종 종사자들에게서 찾아볼 수 있다. 직업 외의 관심사인데도 직업으로 삼아도 될 만큼의 지식이나 열정을 가진 경우도 많다. 가령 프로야구 감독이 된 이승엽 씨는

야구 외에도 다양한 분야에 조예가 깊다. 낚시광이자 사진작가로도 잘 알려져 있으며 수준급 그림 실력까지 갖췄다. 배우 류준열 씨 역시 마찬가지다. 평소 여행 다니는 걸 좋아하고 영화 보는 걸 즐긴다고 한다. 덕분에 팬들 사이에서는 일명 '류길동'이라는 별명으로 불린다. 또 가수 김동률 씨는 음악 작업뿐만 아니라 글 쓰는 데도 일가견이 있다. 산문집 『청춘』 출간 이후 작가로서 인정받고 있기도 하다. 이렇듯 본업 못지않게 취미 생활에 열정을 쏟는 모습이야말로 진정한 프로다운 자세가 아닐까 싶다. 취미 생활이 곧 일이고, 일이 곧 취미이다. 일만큼 중요한 것이 바로 취미 생활이고. 스트레스 해소뿐만 아니라 삶의 활력소가 되지만 아이러니하게도 정작 자신만의 취미 활동을 가진 직장인은 그리 많지 않다. 대다수의 직장인들이 퇴근 후에도 회사일 걱정에 제대로 쉬지도 못하고 전전긍긍한다. 그러다 보면 자연스레 주말까지 반납하게 된다. 물론 모든 직장인들이 그런 건 아니지만 상당수가 그렇다는 데 문제가 있다.

최근 들어 사내 동호회 활동도 활발해지고 있다. 예전에는 회사 차원에서 지원금을 주거나 회식비 일부를 보조해주는 정도였지만 지금은 다르다. 직원들끼리 자발적으로 조직하여 운영하도록 적극 권장하고 있다. 덕분에 취미 생활뿐만 아니라 인맥 형성에도 도움이 되어 만족스럽다는 반응이 많다. 하지만 모든 일엔 동전의 양면처럼 장단점이 존재한다. 우선 장점으로는 친목 도모 및 스트레스 해소 등 다양한 측면에서 긍정적인 영향을 미친다는 점을 꼽을 수 있다. 또 업무 효율성 증대라는 부수적인 효과도 얻을 수 있다.

물론 단점도 있다. 자칫하면 사조직으로 변질될 우려가 있고 개인주의 문화가 팽배해질 수도 있다. 게다가 퇴근 후까지 이어지는 모임 탓에 가정불화가 생길 수도 있다. 따라서 신중하게 선택해야 한다. 만약 자신에게 맞는 동호회를 찾지 못했다면 직접 만드는 것도 좋은 방법이다. 다만 이때 주의할 점은 반드시 목적의식을 갖고 있어야 한다는 것이다. 그래야 중도에 포기하지 않고 끝까지 유지할 수 있기 때문이다.

적성에 맞는 직장은 출근시간도 즐겁다. 한 취업포털 사이트에서 직장인 955명을 대상으로 설문조사를 실시하였다. '출근할 때마다 퇴사 욕구를 느끼는 순간'이라는 질문에 무려 전체 응답자의 87.2%가 '있다.'라고 답했다. 그렇다면 이러한 상황 속에서도 계속해서 회사를 다닐 수 있게 하는 원동력은 무엇일까? 바로 자신의 적성과 흥미에 맞는 일을 할 때이다. 아무리 급여가 높고 복지가 좋아도 본인의 관심사나 성향과 맞지 않는 업무라면 당연히 오래 버티지 못할 것이다.

실제로 잡코리아 조사 결과 신입사원 10명 중 3명이 입사 후 1년 이내에 퇴사한다고 한다. 따라서 이 글을 읽고 있는 관리자들은 직장에서 만난 신입사원들이 이직을 하지 않고 회사 생활을 즐겁게 할 수 있도록 그들의 적성에 맞는 업무배치와 취미 생활을 찾도록 도와주는 것도 중요한 관리자의 자세이기도 하다.

우리나라 청년 실업률이 심각한 수준이다. 오죽하면 이태백(20대 태반이 백수), 88만원 세대라는 말까지 생겼을까. 물론 경제 불황 탓도 있지만 근본적인 원인은 따로 있다고 본다. 대학 진학률이 80% 이상인데 반해 정작 졸업 후 원하는 일자리를 얻지 못하는 현실이 안타까울 따름이다. 이렇게 되면 사회적 손실이 클 뿐만 아니라 개인적으로도 불행해질 수밖에 없다. 주위 청년들이 자기 적성에 맞고 현실에 맞는 직장 선택을 할 수 있도록 도와주는 게 기성세대들의 책무이다.

현대의 직장인들, 특히 은퇴 직전의 시니어 세대들에게는 공부는 선택이 아닌 필수다. 하지만 업무만으로도 벅찬데 따로 시간을 내서 공부까지 하기는 결코 쉬운 일이 아니다. 게다가 퇴근 후엔 쉬고 싶은 마음이 굴뚝같다. 결국 울며 겨자 먹기로 등록한 학원 수강을 포기하곤 하는데 이때 유용한 학습법이 있으니 바로 온라인 강의다. 물론 오프라인 수업만큼 집중력 있게 들을 수는 없지만 장소 제약 없이 어디서든 편하게 들을 수 있다는 장점이 있다. 또 반복 학습이 가능하다는 점도 매력적이다. 최근에는 유튜브에도 좋은 강의들이 많이 올라오고 있어 무료로 원하는 강의를 들을 수 있으니 이를 활용하는 것 또한 적극 추천한다. 만약 혼자서는 도저히 공부할 엄두가 나지 않는다면 스터디 모임을 활용하자. 함께 모여 공부하면 동기 부여도 되고 정보 공유도 할 수 있어 일석이조다. 이런 게 일하며 공부하는 '셀러던트'인 것이다. 배움에는 나이가 따로 없다. 항상 배울 게 있다는 것은 자신이 젊게 산다는 증거이다.

워라하와 워라인

워라밸이나 워라블 못지않게 최근 주목받는 단어가 있으니 바로 워라하(Work and Life Harmony)다. 워라하는 일과 개인 생활이 조화롭게 어우러지는 상태를 말한다. 이는 개인의 직업적 목표와 가치와 일상적인 삶의 요구를 조화롭게 조절하면서, 일과 가정생활, 친구, 취미 등의 다양한 삶의 영역을 균형 있게 유지하는 것을 의미한다. 워라하는 워라밸과 유사한 개념이지만, 이는 일과 개인 생활을 완전히 분리하거나 균형을 맞추는 것이 아니라, 일과 개인 생활을 융합하고 상호보완적으로 취급하는 것을 목표로 한다. 이는 삶의 다양한 영역에서 개인의 가치와 성장을 추구할 수 있도록 일과 개인 생활을 하나의 일관된 체계로 통합하는 것을 지향한다. 워라하를 실현하기 위해서는 개인의 욕구와 직장의 요구를 조화롭게 조절할 수 있는 일자리, 유연한 근무 환경, 효율적인 시간관리, 지속 가능한 일자리와 조직 문화 등이 중요한 역할을 한다. 또한, 개인적인 시간을 충분히 확보하고, 건강한 라이프 스타일을 유지하는 것도 중요한 요소다.

워라인(Work-Life Integration)은 개인과 직장 생활을 하나로 통합하는 개념으로, 일과 개인 생활을 서로 떨어뜨리는 것이 아니라 하나의 통합된 생활 방식으로 바라보는 것을 의미한다. 워라인은 유연한 일정과 장소, 혁신적인 기술과 관리 방법을 활용하여, 일과 가족, 친구, 개인 취미 등의 다양한 삶의 영역을 조화롭게 조절하는 것을 목표로 한다. 이것은 효율적인 일과 균형 잡힌 삶을 동시에 유지할 수 있는 방법으로, 개인의 직업적 목표와 가치와 일상적인 삶의 요구를 일치시키는 것을 지향한다. 이것은 일부 조직에서는 장소와 시간에 대한 제한이 없는 유연한 근무 시간, 재택근무 및 유연한 일자리로 구현된다. 이를 통해 직원들은 직장 생활과 가정생활 사이의 균형을 잡을 수 있으며, 일을 더욱 효과적으로 수행할 수 있다. 워라인은 개인의 직업적 목표와 개인적 욕구를 조화롭게 조절하면서, 일을 더욱 만족스럽게 수행할 수 있는 방법을 제공한다. 또한 이것은 조직의 생산성과 직원의 만족도를 높이는 데에도 긍정적인 영향을 미친다.

워라하와 워라인은 유사한 개념이지만, 목표와 방법에 약간의 차이가 있다. 워라하는 일과 개인 생활이 조화롭게 어우러지는 상태를 말하며, 개인의 직업적 목표와 가치와 일상적인 삶의 요구를 조화롭게 조절하면서, 일과 가정생활, 친구, 취미 등의 다양한 삶의 영역을 균형 있게 유지하는 것을 지향한다. 이는 일과 개인 생활을 하나의 일관된 체계로 통합하는 것을 목표로 하는 워라인과는 조금 차이가 있다.

반면, 워라인은 일과 개인 생활을 하나로 통합하는 개념으로, 일과 개인 생활을 서로 떨어뜨리는 것이 아니라 하나의 통합된 생활 방식으로 바라보는 것을 의미한다. 이는 유연한 일정과 장소, 혁신적인 기술과 관리 방법을 활용하여, 일과 가족, 친구, 개인 취미 등의 다양한 삶의 영역을 조화롭게 조절하는 것을 목표로 한다.

따라서 워라하는 균형을 중심으로, 일과 개인 생활을 하나로 조화롭게 이어가는 것을 중요시하며, 워라인은 일과 개인 생활을 통합하여 하나의 일관된 생활로 관리하는 것을 중요시한다.

워라밸의 개념을 넘어 워라블, 워라하, 워라인 이 모든 말들이 결국에는 워크닉으로 같이 만난다고 할 수 있다. 결론적으로, 워라블이든 워크닉이든, 우리는 삶이 좀 더 행복하게 될 수 있도록 스트레스를 최소화하고, 즐거운 일들을 많이 만들면서 살아가자는 것이다.

초등학교 다닐 때 봄가을이면 어김없이 소풍을 갔다. 장소는 주로 가까운 공원이나 산이었는데 친구들과 함께 김밥 도시락을 나눠 먹는 재미가 쏠쏠했다. 그때까지만 해도 어머니께서 직접 싸주신 김밥을 먹었는데 지금 돌이켜 보면 참 감사한 일이다. 특별한 반찬 없이 단무지와 시금치 그리고 계란 지단 정도만 들어갔는데도 어찌나 맛있던지. 아마도 그건 평소 먹던 밥과는 달리 야외에서 먹는다는 설렘이 더해졌기 때문일 것이다.

그래서인지 소풍의 설렘은 아직까지도 기억에 진하게 남는다. 이런 소풍의 설렘처럼 행복한 마음으로 평일에 즐겁게 일하고 주말에는 취미 생활을 하거나 여행 다니며 살자는 것이 저자가 강조하는 워크닉 정신이다. 우리는 무조건 행복하게 살아야 할 가치가 있으니까.

직장은 가장 좋은 학교다

OECD 국가 중 노동시간이 가장 긴 나라하면 여전히 대한민국이 상위에 랭크되어 있다. 지난 문재인 정부에서는 장시간 근로 관행을 개선하기 위해 다양한 정책을 내놓았었다. 우선 공공기관 및 대기업을 포함해 중소기업까지 주 52시간 근무제를 도입 단계적으로 적용하였다. 또 연차휴가 사용 촉진제도 등 휴가 제도를 개편하여 일과 삶의 균형을 맞출 수 있도록 노력했었다. 현 정부에서는 그동안 정착되어 가던 52시간 근무제에 대하여 유지해야 한다는 의견과 완화 또는 해제해야 한다는 의견들이 논쟁되고 있다. 52시간제 완화가 근로자 건강 악화, 삶의 질 하락, 워라벨 감소들을 가져올 것이라는 의견도 있고 52시간제로 인하여 줄어든 근로소득 때문에 부업 등으로 더 힘들어진 근로자가 많고 사업체도 지나친 규제로 사업체 운영에 어려움을 겪고 있기 때문에 이를 해소할 것이라는 의견도 있다. 이미 정부에서는 현행 주52시간제에 대해 특별연장허용범위를 늘려 52시간제를 유연화 또는 약화하는 방향으로 정책을 시행하고 있다.

물론 열심히 일하는 건 좋다. 하지만 지나치게 일에만 몰두하다가 건강을 잃거나 가족과의 관계가 소원해진다면 무슨 소용이 있겠는가. 부디 이런 52시간제 유연화 정책에도 불구하고 궁극적으로는 직장인들의 업무 환경이 보다 나아졌으면 하는 바람이다.

최근 들어 이직자가 늘고 있다. 평생직장 개념이 사라지면서 능력 있는 직원일수록 보다 나은 조건을 찾아 회사를 옮기는 일이 잦아진 것이다. 실제 헤드헌팅 업체 커리어케어가 지난해 1년간 자사 사이트에 등록된 이력서 4만 5천 건을 분석한 결과 전체 입사 지원자 가운데 30%가량이 경력직이었다. 또 신입사원 채용공고 건수 대비 경력직 채용공고 비율은 평균 50% 수준이었는데 올해 들어서는 60%까지 치솟았다. 그만큼 전문 인력 확보 경쟁이 치열하다는 의미다. 하지만 한편으로는 씁쓸함을 감출 수 없다. 어렵게 키워놓은 핵심 인재들이 하나둘씩 떠나가는 모습을 보면 안타깝기 그지없다. 물론 개인의 선택이니 뭐라 할 순 없지만 조직 입장에서는 손실이 아닐 수 없다. 게다가 떠난 자리는 반드시 티가 나기 마련이다. 업무 공백뿐만 아니라 사기 저하 등 보이지 않는 부분에도 영향을 미친다.

따라서 이 글을 읽고 있는 많은 관리자들은 우수 인력 이탈을 막기 위한 대책 마련이 시급하다. 우선 연봉 인상 및 승진 기회 제공 등 금전적 보상 강화가 필요하고 더불어 수직적이고 경직된 조직문화 대신 수평적이고 유연한 문화를 조성하는 데 최선을 다해야 한다. 특히 부하 직원이 강압적인 수직문화를 느끼지 않을 수 있도록 최대한 그들의 입장에서 생각하고 배려하는 조직을 만들어가야 한다.

최근 들어 부쩍 늘어난 헤드헌팅의 이직을 부추기는 취업광고를 보면 마치 직장인들에게 새로운 기회라도 제공하는 듯 포장되어 있다. 하지만 실상은 전혀 다르다. 게다가 경력직 채용 공고를 살펴보면 지원 자격 요건이 상당히 까다롭다. 최소 몇 년 이상 근무해야 하며 동종 업계 경험이 있어야 한다는 식이다.

물론 능력 있고 열정 넘치는 사원을 뽑는 건 당연하지만 그래도 이건 좀 심하다 싶다. 솔직히 말해서 그런 조건을 갖춘 사람이 얼마나 되겠는가? 결국엔 스펙 좋은 구직자들끼리 서로 경쟁하는 꼴밖에 안 된다. 면접관 앞에서 스스로를 자신 있게 말할 수 있는가? 만약 현재 다니는 회사에 불만이 많아 당장이라도 때려치우고 싶은 마음뿐이라면 절대 합격할 수 없다. 왜냐하면 인사 담당자는 그걸 다 꿰뚫어보고 있기 때문이다. 그러니 괜히 헛물켜지 말고 지금 다니고 있는 회사 열심히 다니는 게 나을 수도 있다. 혹시 경험이 많지 않은 부하 직원이 이런 일로 고민을 할 경우, 따뜻한 말로 위로하고 그가 가지고 있는 불만 요소를 진정성 있게 들어주고 걱정거리를 해소해주려고 노력해보자.

직장 생활을 하다 보면 회의감이 들 때가 있다. 내가 지금 뭐 하고 있나 싶은 마음이 드는 것이다. 물론 월급이라는 보상이 주어지긴 하지만 그것만으로는 부족하다는 생각이 든다. 돈보다는 자아실현 욕구가 충족되지 않기 때문이다. 내 친한 후배 역시 그랬었다. 매일 반복되는 업무에 지치기도 했고 매너리즘에 빠져 의욕조차 생기지 않았다. 이대로 가다가는 회사라는 감옥에 갇혀 평생 쳇바퀴 돌듯 살아갈 것만 같았단다.

고민 끝에 퇴사를 결심했고 현재는 프리랜서로 일하고 있다. 자유롭게 일할 수 있다는 장점 덕분에 만족도는 매우 높다. 다만 수입이 일정치 않다는 단점이 있긴 하다. 그럼에도 불구하고 후회는 없고 일단 숨통이 트이니까 살 것 같단다. 만약 당신에게도 이와 같은 고민이 있고 무력하게 정년퇴직만 기다린다면 과감하게 사표를 던져보라고 권하고 싶다. 대신 충분한 준비 기간을 갖고 신중하게 결정해야 한다. 그래야 나중에 후회

하지 않을 테니까 말이다.

내가 사업 전에 회사생활을 했던 경험에서 느낀 점을 메모해놓은 것이 있어 아래에 옮겨본다.

첫째, 사회생활은 결코 만만치 않다.

둘째, 업무 능력 못지않게 인간관계가 중요하다.

셋째, 모든 일에는 책임이 따른다.

넷째, 자기계발은 선택이 아닌 필수다.

다섯째, 나이는 숫자에 불과하다.

여섯째, 기회는 준비된 자에게만 온다.

일곱째, 세상에 공짜는 없다.

여덟째, 인생은 마라톤이다.

아홉째, 마지막으로 강조하고 싶은 건 건강관리다. 체력이 뒷받침되지 않으면 아무 소용없다. 따라서 틈틈이 운동해야 한다.

사업을 하기 전 선택 시 고려할 체크리스트 메모도 있다. 아래 사항은 직장 만족도를 진단하는 체크리스트도 될 수 있다.

1. 자신이 좋아하고 잘하는 일인가?

2. 경제적 보상 수준은 적절한가?

3. 사회적 평판 및 지위 획득이 가능한가?

4. 지속가능한 성장이 가능한가?

5. 쾌적한 업무 환경을 유지할 수 있나?

6. 일과 삶의 균형이 유지되는가?

7. 정년까지 일할 수 있는가?

8. 건강하게 일할 수 있는가?

9. 가족 친화적인가?

10. 나만의 전문 영역을 구축할 수 있는가?

이렇게 정리한 후 새삼스레 깨닫게 된 사항이 있었다. 어쩌면 회사 일을 하면서 하고 있는 공부야말로 진정한 배움이라는 것을. 직장은 돈을 주면서 배움도 주는 곳이라는 생각을 가지라면 무리한 발상일까?

사업가처럼 일하자

우리나라 사람들은 유독 남의 시선을 신경 쓰는 경향이 강하다. 직장에서 이러한 현상은 더욱 두드러진다. 타인과의 관계도 중요하지만 자기 자신만의 삶 또한 매우 중요한데 말이다. 하지만 아직까지도 사회 전반적으로 눈치 보기 문화가 팽배하다. 물론 조직생활에서는 어느 정도 필요하겠지만 도가 지나칠 경우 문제가 발생할 수 있다. 이러한 분위기 속에서 동료와의 갈등은 필연적일 수밖에 없다.

내 일을 방해하는 직장 동료와의 갈등은 어떻게 해야 지혜롭게 해결할 수 있을까? 여기서 한 가지 팁을 주자면 바로 '대안'을 찾는 것이다. 무작정 맞서 싸우기보다는 본인 스스로 대안을 찾아 실행한다면 보다 현명하게 상황을 극복할 수 있을 것이다.

직장 생활을 하다 보면 크고 작은 트러블이 생기기 마련이다. 과거의 나 역시 그랬다. 업무상 실수를 하거나 잘못된 행동을 했을 때 어김없이 지적을 받았다. 그러면 난 곧바로 인정하고 사과했다. 그래야 서로 얼굴 붉힐 일 없이 원만하게 넘어갈 수 있기 때문이다. 그리고 다음부터는 똑같은 실수를 반복하지 않도록 주의했고 더 나은 방향으로 개선하고자 노력했다. 그랬더니 차츰차츰 나아지는 내 모습을 발견할 수 있었다. 만약 계속해서 변명과 우기기로만 일관했다면 결코 달라지지 않았을 것이다. 따라서 누군가로부터 지적을 받았을 때 감정적으로 대응하기보다는 이성적으로 판단하여 대처하는 자세가 필요하다.

또 우리는 직업을 선택할 때 '돈'이라는 목적을 우선순위로 두고 정하기도 한다. 하지만 이것은 정말 잘못된 생각이다. 사람들은 자신이 좋아하는 일을 할 때 비로소 진정한 행복을 느낄 수 있기 때문이다. 그렇다면 어떻게 해야 나만의 꿈을 찾을 수 있을까? 바로 자기 이해로부터 시작된다. 내가 무엇을 좋아하는지, 또 싫어하는지 파악해야 하는 것이다. 이를 바탕으로 앞으로의 인생 계획을 세워보자.

먼저 현재 상황을 객관적으로 바라봐야 한다. 그래야 현실 인식이 가능해지고 구체적인 목표를 세울 수 있으니까 말이다. 그러고 나서 다음 단계로 넘어가자. 만약 지금 하고 있는 일이 적성에 맞지 않는다면 과감히 포기하자. 대신 다른 길을 모색하면 된다. 이때 주의할 점은 성급하게 결정해선 안 된다는 것이다. 시간을 갖고 충분히 고민하되 되도록 다양한 경험을 해볼 필요가 있다. 직접 부딪혀보면서 시행착오를 겪다 보면 분명 좋은 기회가 찾아올 것이다. 물론 쉽지 않은 과정이겠지만 그럼에도 불구하고 반드시 거쳐야 하는 필수 코스임을 명심하자. 마지막으로 하나 더 강조하자면 조급해하지 말자. 당장 눈앞에 보이는 성과에만 연연한다면 결코 원하는 바를 이룰 수 없다. 조금 느리더라도 꾸준히 나아가다 보면 언젠가는 원하던 그곳에 도달해 있을 것이다.

직장 생활을 오래 하다 보면 가끔 회의감이 들 때가 있다. 내가 지금 뭐 하고 있나 싶은 생각이 들면서 자괴감마저 든다. 물론 회사 입장에서는 나 하나쯤 없어도 별문제 없겠지만 왠지 모를 허탈감이 밀려온다. 이럴 때일수록 정신 바짝 차려야 한다. 그래야 위기를 기회로 바꿀 수 있기 때문이다. 우선 마음가짐부터 바꿔보자. 월급쟁이 마인드로는 절대 성공할 수 없다. 대신 사업가 마인드로 무장해야 한다. 그러면 업무 효율이 높아지고 성과도 좋아질 것이다.

아울러 일하는 방식도 바꿔야 한다. 수동적이고 소극적인 자세보다는 능동적이고 적극적인 태도가 필요하다. 주어진 일만 처리하는 데 급급해선 결코 살아남을 수 없다. 남들보다 먼저 나서서 주도적으로 행동해야 한다. 그리고 끊임없이 고민하고 공부해야 한다. 시대 흐름에 뒤처지지 않으려면 부단히 노력해야 한다. 마지막으로 자기계발에 힘써야 한다. 당장 눈앞의 이익만 좇지 말고 멀리 내다봐야 한다. 100세 시대에 맞춘 장기적인 관점에서 미래를 준비한다면 분명 좋은 결과가 있을 것이다.

코로나 팬데믹 시기 캠핑 매력에 빠지다

2020년 초 이전에 같이 하와이를 여행했던 친구 부부들과 그랜드 캐년을 통과하는 10일간의 미국 서부 해외여행을 계획하였다. 항공기와 숙박지를 모두 예약하고 출발일만 기다리고 있었는데 갑자기 터진 코로나 사태로 인해 모든 일정을 취소해야만 했다. 그때까지만 해도 금방 끝날 줄 알았지만 무려 3년이 다 되어가는 지금까지도 여전히 우리는 코로나 팬데믹에서 완전히 벗어나지 못하고 있다.

그래서인지 코로나 팬데믹 초기에는 부쩍 우울감을 느끼는 사람들이 많아졌다. 나 역시 마찬가지였다. 집 근처 공원 산책 정도 말고는 딱히

갈 데도 없고 만날 사람도 없으니 답답할 따름이었다.

코로나19 유행과 함께 부쩍 늘어난 취미 생활이 있으니 바로 캠핑과 차박이 그것이다. 코로나 사태 장기화로 인해 해외여행이 어려워지자 대안으로 떠오른 것인데 예전에는 주로 젊은 층에서만 유행했는데 중장년층까지 가세하여 그야말로 대세라고 해도 과언이 아닐 정도다. 물론 감염병 예방 차원에서 언택트 여행지를 선호하는 심리도 작용했을 것이다.

캠핑과 차박은 이제 하나의 트렌드로 자리 잡았다. 캠핑은 텐트 등 각종 장비를 이용해 주로 가족 단위로 떠나는 경우가 많은데 자연 속에서 휴식을 취한다는 점에서 인기가 높다. 하지만 준비해야 할 물품이 많고 장소 선정에도 제약이 있어 초보자에게는 다소 부담스러운 편이었다.

그런 면에서 차박은 상대적으로 접근하기 쉽다고 할 수 있다. 차량 내부 공간을 활용하면 되기 때문에 최소한의 장비만으로도 충분히 즐길 수 있기 때문이다. 게다가 경치 좋은 곳 어디든 자유롭게 이동할 수 있다는 장점까지 갖추고 있다. 다만 화장실 및 샤워 시설 사용이 어렵고 날씨 영향을 많이 받는다는 단점이 있다.

나 또한 코로나로 인해 사업에 심각한 타격을 받았었는데 그나마 다행인 건 코로나와 함께 캠핑에 대한 관심이 급속히 증가하고 있었고 나도 2020면 4월 23일 첫 차박을 시작으로 이 대열에 참여하게 되어 사업으로 인한 스트레스에서 탈출하는 데 큰 도움이 되었다. 이렇게 시작한 차박 캠핑이 이제 나에게는 일상화가 되어 특별한 일이 없으면 매주 주말마다 아내와 가고 싶은 곳을 찾아 떠나곤 한다. 그간 전국 유명한 캠핑지와 관광지를 다닌 결과를 지도에 표기해보니 전국 곳곳 나름 유명한 곳은 거의 다 찾아다닌 듯하다. 이러한 여행 습관이 워크닉의 한 부분으로 크게 자리하게 된 것은 당연한 결과이다.

문화체육관광부와 한국관광공사가 발표한 '2021 캠핑 이용자 실태조사'에 따르면 코로나19로 인해 폭발적으로 높아진 캠핑의 인기는 여전히 사그라지지 않았다. 2021년 캠핑산업 추정 규모는 6조3,000억 원으로 전년 대비(5조8,000억 원) 8.2% 증가했다. 전국 등록 캠핑장 수도 2021년 2,703개로 전년 대비(2,363개) 14.4% 늘어난 것을 보면 캠핑의 인기가 여전히 지속되고 있는 것으로 분석된다.

또한 2021년 캠핑 이용자들의 연간 평균 캠핑 횟수는 5.5회로 2020년 5.1회보다 증가했다. 당일·숙박을 포함한 캠핑 이용 주요 연령층은 30대(29.9%)가 1위였으며, 40대(24.0%)와 20대(18.7%)가 그 뒤를 이었다. 캠핑 동반자 유형은 가족 72.4%, 친구 37.7%, 연인 20.7%의 인기가 높았다. 지난해 캠핑 이용자들이 캠핑 시 선호한 숙박 유형은 58.0%의 응답자가 일반 텐트를 선택했다. 캠핑카, 카라반, 트레일러는 16.3%, 글램핑은 12%의 응답률을 얻었다. 캠핑의 새로운 트렌드로 떠오른 차박 이용률은 4%였다.

캠핑의 인기는 계속 이어질 전망이다. 코로나19 종식 후에도 캠핑을 계속할지에 대한 질문에 응답자 89.3%가 캠핑 횟수를 늘리거나(30.4%) 지금의 캠핑 횟수를 유지(58.9%)할 의향이라고 답변했다. 어쨌든 덕분에 관련 산업 규모도 크게 성장했고 대표적으로 텐트 시장은 코로나 이전 대비 20배 이상 성장했다고 한다.

심지어 아직도 인기 있는 텐트 모델의 경우 수개월 전에 예약을 해야 겨우 구매할 수 있는 경우도 흔하다고 한다. 게다가 정부에서는 앞으로 국민 여가 활동 지원 예산을 대폭 늘린다고 밝혔다. 따라서 당분간 캠핑 산업의 상승세는 계속될 전망이다.

가끔 주위의 지인들과 캠핑과 여행에 대해서 이야기할 때 숙박의 불편함과 장비 구매와 설치에 대한 어려움 때문에 망설이는 경우를 많이 봤다. 여행을 한다는 것은 분명히 편안한 집보다는 불편함이 따른다. 하지만 그것을 감수할 만큼의 기쁨과 행복을 주는 것 또한 여행의 묘미다. 캠핑 장비의 구매에 대해서도 처음부터 무리해서 수백만 원을 들여 장비를 갖추는 것보다는 단순히 의자와 테이블만이라도 준비하여 승용차에 싣고 다니다가 경치가 좋은 곳에 멈춰서 잠시 한가함을 즐기는 것만으로도 캠핑의 시작이 된다. 그러다 캠핑이 자신의 성향이 맞으면 텐트부터 하나씩 준비하는 것을 추천한다. 손재주가 없어 텐트 치는 것이 어려운 사람들은 글램핑을 하는 것도 추천한다. 글램핑은 호텔이나 펜션처럼 대부분의 편의 시설이 갖추어져 있고, 주위에 캠핑을 하는 사람들도 같이 만날 수 있어 그들의 문화에 쉽게 동화될 수 있기 때문이다.

사람을 좋아하면 좋아하는 대로 붐비는 장소를 찾아가서 즐기면 되고, 조용히 나만의 사색을 좋아하는 사람들은 인적이 드문 곳을 찾아다니는 것을 추천한다. 은퇴 후 시니어 세대들이 젊은이들처럼 활발하게 움직일 수 있는 시간은 그렇게 길지 않다. 주위를 둘러보면 70세가 넘어서도 자신감 있게 장거리를 걸어 다닐 수 있는 체력을 지니고 있는 사람은 그다지 많지 않다. 이에 대비하여 체력을 길러야 하겠지만, 우선은 나중에 해야지 하는 마음보다 지금 바쁜 시간을 쪼개서라도 인생을 즐기는 습관을 길러야 한다.

## 4장

명확한 목표 설정 :
무엇에 얼마나 집중할 것인가?

실패를 두려워하지 말고 목표를 세우자

　새로운 한 해가 시작되면 각자 이루고 싶은 소망도 많을 것이다. 하지만 계획만 세우고 실천하지 않는 사람들이 대다수일 것이다. 그렇다면 어떻게 해야 할까? 방법은 간단하다. 우선 자신이 원하는 은퇴 후의 삶을 떠올려보자. 그리고 현재 나의 모습과 비교해보자. 그러면 내가 부족한 게 무엇인지 한눈에 파악할 수 있을 것이다.

　그럼 그것을 이루기 위한 구체적인 행동 계획을 세워보자. 예를 들어 다이어트를 결심했다면 하루에 물 2L 마시기, 일주일에 3번 이상 운동하기 등 세부적인 사항을 정해 놓고 매일매일 체크하며 습관화시키는 것이다. 이처럼 간단하게나마 정리하면 보다 쉽게 실행력을 높일 수 있고 막연했던 목표 의식 또한 뚜렷해질 것이다.

살다 보면 크고 작은 실수를 하게 마련이다. 이때 누군가는 좌절하지만 또 다른 누군가는 훌훌 털고 일어나 재도전한다. 전자보다는 후자가 인생을 살아가는 데 있어 훨씬 유리하다고 생각한다. 물론 한 번 넘어졌다고 해서 세상이 끝나는 건 아니다. 다만 똑같은 상황이 반복될 확률이 높고 그로 인해 상처받는 일이 많아질 뿐이다. 따라서 되도록 빨리 잊고 다음 기회를 노리는 편이 낫다. 그리고 이왕이면 긍정적인 마인드를 갖고 임해야 한다. 그래야 좋은 결과를 얻을 수 있기 때문이다. 내 경험상 마음가짐 하나만 바꿔도 충분히 달라질 수 있다고 믿는다.

살다 보면 선택의 순간이 온다. 이때 내가 가는 길이 맞는지 확신이 서지 않을 때가 있다. 이럴 때면 누군가 옆에서 방향을 제시해줬으면 좋겠다는 생각이 든다. 물론 나 혼자서도 충분히 고민하고 결정할 수 있지만 아무래도 한계가 있기 마련이다. 주변 친구들한테 물어봐도 각자 처한 상황이 다르다 보니 명쾌한 답을 얻기 힘들다.

많은 사람들이 목표를 세우고 싶지만 실패할 가능성이 있어 피하는 경향이 있다. 하지만, 목표를 이루려고 시도하고 실패하는 것은 인생에서 중요한 경험이다.

　목표를 세우는 것은 우리 삶에서 가장 중요한 것들 중 하나이다. 삶의 목표를 가짐으로써, 우리는 우리가 원하는 것을 성취할 수 있고 우리의 삶에 대한 방향을 가질 수 있다. 우리의 목표를 위해 노력하는 것은 삶을 풍요롭고 의미 있게 만든다.

　하지만, 목표를 설정하는 것은 실패의 가능성도 동반한다. 이것은 실패에 대한 생각이 의욕을 잃게 할 수 있기 때문에 많은 사람들에게 흔한 두려움이다. 실패는 삶의 필수적인 부분이고, 그것이 우리가 배우고, 성장하고, 우리 자신의 더 나은 버전이 되는 방법이다. 실패에 대한 두려움이 너무 커서 어떤 사람들은 그들의 목표를 성취하려고 노력하지 않을 수 있고, 이것은 삶에 대한 성취감으로 이어질 수 있다.

　실패는 성공의 반대가 아니라 그 일부라는 것을 이해하는 것이 필수적이다. 실패는 우리가 실수로부터 배우고, 변화를 만들고, 다시 시도하도록 도와준다. 성공한 사람들은 모두 인생의 어느 순간에 실패한 적이 있지만, 다른 점은 포기하지 않는다는 것이다. 그들은 그들의 실패를 배움의 기회로 사용하고 새로운 지식으로 다시 시도한다.

목표를 세울 때, 현실적이고 그것들이 여러분의 가치관과 열정과 일치하는지 확인하는 것은 필수적이다. 목표는 또한 더 달성 가능하게 만들고 동기 부여를 유지하도록 돕는 작은 단계로 세분되어야 한다. 그 과정에서 작은 성공을 축하하는 것은 또한 자신감과 동기 부여를 쌓는 데 도움이 되기 때문에 필수적이다.

결론적으로, 목표를 세우고 실패를 두려워하지 않는 것이 인생의 중요한 부분이다. 그것은 우리가 원하는 것을 성장하고, 배우고, 성취하도록 도와준다. 실패는 두려워할 것이 아니라 배움의 기회로 받아들이는 것이다. 현실적인 목표를 세우고 그것들을 더 작은 단계로 나누면, 우리는 우리가 원하는 것을 성취할 수 있고 우리 자신의 최고 버전이 될 수 있다. 실패해도 좋다는 마음으로 목표를 세우고 용기를 내어 실천해보자.

명확한 목표

    우리는 흔히 새해가 되면 다이어트나 금연 같은 계획을 세운다. 하지만 한 달도 지나지 않아 포기하거나 흐지부지되는 경우가 많다. 그렇다면 왜 사람들은 작심삼일이라는 말처럼 금방 포기할까? 우선 자신이 무엇을 원하는지 정확히 알지 못하기 때문이다. 물론 아예 모르는 것은 아니지만 그저 막연할 뿐이다. 그렇기 때문에 막연히 운동을 해야지 하는 생각만 가지고 있으면 며칠 못 가서 지치게 된다. 따라서 제대로 된 목표 설정이 필요하다. 그리고 더 중요한 것은 꾸준히 실천하는 것이다.

    그러면 어떻게 해야 할까? 먼저 단기 목표를 세우고 이를 달성했을 때 스스로 보상을 주는 방법이 있다. 예를 들어 일주일 동안 매일 5km씩 달리기를 했다면 주말에 좋아하는 음식을 먹는다든지 하는 식으로 자기보상을 한다. 또한 장기 계획을 세울 때는 구체적이고 실현 가능한 범위 내에서 세우는 것이 좋다. 무리해서 높은 목표를 세우면 쉽게 지치고 흥미를 잃게 되기 때문이다. 마지막으로 꾸준한 실천을 위해서는 습관화시키는 것이 중요하다. 그러기 위해서는 작은 단위로 쪼개서 조금씩 늘려가는 것이 효과적이다. 즉, 하루 10분 독서하기보다는 아침에 일어나자마자 10분 독서하기라든지 출퇴근길에 10분 독서하기같이 좀 더 세분화된 단계별 목표를 세워 실행해야 한다.

성공하기 위해서는 명확한 목표 설정이 중요하다. 하지만 이것보다 더 중요한 것은 바로 자신만의 길을 만드는 것이다. 다른 사람들은 어떻게 살고 있는지 타인의 삶을 궁금해하지 마라. 내가 원하는 방향대로 살아가면 그만이다. 남 눈치 보지 말고 오로지 자기 자신만 믿고 앞으로 나아가라. 당신도 할 수 있다.

우리 모두에게는 각자 이루고 싶은 꿈이 하나씩 있을 것이다. 하지만 현실 속에서는 직장 생활 하랴 집안일 하랴 눈코 뜰 새 없이 바쁘게 지내다 보면 어느새 하루가 끝나 있고 내 마음속 한편에 고이 접어둔 나의 꿈도 서서히 잊힌다. 매일 반복되는 일상 속에서 지친 사람들은 흔히 '이렇게 살다가 죽으면 뭐 어때.'라는 식의 자포자기식 마인드를 갖게 된다. 이럴 때일수록 더 큰 자극제가 필요하다. 자신만의 특별한 동기 부여 방법을 만들어보자. 거창하지 않아도 괜찮다. 당신이 할 수 있는 아주 작은 일에서부터 출발하면 된다. 여기서 중요한 건 바로 꾸준함이다. 아무리 사소한 일이라도 꾸준히 하다 보면 어느 순간 그것이 습관이 되고 또 다른 결과를 낳게 될 것이다.

우리는 살면서 끊임없이 선택의 기로에 놓인다. 이때 주변 사람들의 이야기에 휘둘리지 말아야 한다. 물론 참고는 하되 최종 결정은 온전히 나의 몫이라는 걸 명심해야 한다. 그래야 후회 없이 살 수 있다. 만약 지금 하고 있는 일이 적성에 맞지 않거나 만족스럽지 않다면 과감하게 그만두고 새롭게 출발해도 좋다.

단, 반드시 지켜야 할 사항이 있다. 그건 바로 뚜렷한 목표 의식을 갖고 있어야 한다는 것이다. 그렇지 않으면 중도에 포기할 확률이 높다. 따라서 현재 상황이 어떻든 간에 일단 마음속에 품고 있는 계획을 실천하라. 그리고 묵묵히 걸어가라. 그러면 언젠가 목적지에 도달하리라 믿는다.

집중력으로 내 안의 무한 에너지 찾기

코로나19 사태 이후 우리 삶의 모습은 정말 크게 변화하였다. 사회적 거리두기 캠페인 확산으로 인해 재택근무 및 원격수업 실시 빈도가 증가하였고 이로 인해 집이라는 공간의 중요성이 더욱 커졌다. 또한 자신만의 라이프 스타일을 추구하는 사람들이 늘어남에 따라 홈인테리어 열풍도 불고 홈트레이닝 운동기구를 설치하는 사람들도 많다. 이러한 트렌드 속에서 주목받고 있는 키워드가 바로 '집중'이다. 요즘 현대인들 사이에서는 불필요한 일들은 최대한 줄이고 본인이 해야 할 일에만 집중하자는 분위기가 형성되고 있다. 그렇다면 왜 오늘날 모두가 집중해야 한다고 말하는 것일까? 그리고 어떻게 하면 보다 효과적으로 집중할 수 있을까?

먼저 첫 번째 이유는 효율성 측면에서 접근할 수 있다. 시간 관리 전문가인 토니 슈워츠는 저서 『원씽』에서 이렇게 말했다. "우리에게는 멀티태스킹 능력이 없다." 그렇다. 인간은 동시에 여러 가지 일을 처리할 수 없다. 따라서 하나라도 제대로 하기 위해서는 선택과 집중이 필요하다. 만약 이것저것 신경 쓰다 정작 중요한 일을 놓치게 된다면 얼마나 억울하겠는가? 그러므로 지금부터라도 업무나 공부 외의 다른 요소들은 과감히 포기하자. 대신 현재 하고 있는 일에만 집중한다면 분명 좋은 성과를 얻을 수 있을 것이다.

다음으로 두 번째 이유는 생산성 측면에서 접근할 수 있다. 미국의 심리학자이자 작가인 칼 뉴포트는 저서 『딥 워크』에서 이렇게 말했다. "인간은 하루 평균 약 2천 개의 정보를 접하는데 이중 70% 이상은 쓸데없는 정보다." 물론 모든 정보가 쓸모없는 건 아니지만 대다수는 굳이 알 필요가 없거나 심지어 해롭기까지 하다. 그럼에도 불구하고 우리는 매일같이 쏟아지는 정보 홍수 속에서 허우적대고 있다. 이럴 때일수록 스마트폰 사용을 자제하고 SNS 알림 기능을 꺼놓는 등 방해 요소를 차단하여 오로지 내가 하는 일에만 집중하도록 하자. 그러면 더 나은 내일을 맞이할 수 있을 것이다.

우리 안에는 엄청난 힘이 존재한다. 평소 의식하지 못할 뿐이지 잠재의식 속에서는 항상 움직이고 있다. 이러한 에너지는 누구에게나 있고 또한 이를 활용할 수 있다고 한다. 하지만 어떻게 해야 하는지 방법을 모르기 때문에 그저 방치되고 있을 뿐이다. 그렇다면 도대체 어떻게 하면 나의 내면에 잠들어 있는 무한 에너지를 깨울 수 있을까? 우선 본인 스스로 자기 자신을 사랑해야 한다. 그래야만 다른 사람도 진심으로 사랑할 수 있기 때문이다. 그런 다음 명상을 통해 마음속 깊은 곳에 숨어 있는 감정 찌꺼기들을 제거하면 된다. 마지막으로 긍정적인 말과 행동을 반복함으로써 부정적인 기운을 몰아내면 비로소 진정한 행복감을 느낄 수 있게 된다. 이것이 바로 '무한 에너지'를 이끌어내는 핵심 원리다.

찾지 못하는 메모는 메모가 아니다

매일 일기를 쓰는 사람들은 그렇지 않은 사람들보다 목표 달성률이 훨씬 더 높다는 연구 결과가 나왔다. '매일 일기 쓰기'라는 단순한 행동만으로도 1년 후 자신의 모습이 크게 달라질 수 있다는 의미다. 그렇다면 어떻게 해야 꾸준히 일기를 쓸 수 있을까?

바로 그것이 우리가 해결해야 할 과제다. 하지만 너무 걱정할 필요는 없다. 일단 시작하면 자연스럽게 습관이 형성되기 때문이다. 하루 일과를 마치고 잠자리에 들기 전 침대 위에서 간단하게 한 줄만 써보자. 거창하지 않아도 된다. 그저 그날 있었던 일 가운데 즐거웠던 일 하나만 적어도 충분하다. 이것이 쌓이면 나중에 엄청난 자산이 될 것이다. 그러니 당장 내일부터라도 일기 쓰기에 도전해보는 건 어떨까?

우리는 살아가면서 수많은 정보를 접하고 새로운 아이디어를 얻는다. 하지만 그것들은 너무 빨리 스쳐 지나가기 때문에 금방 잊히고 만다. 그렇기 때문에 기록하지 않으면 쉽게 잊어버리게 된다. 그렇다면 어떻게 해야 효과적으로 내 머릿속에 들어온 정보나 아이디어를 오랫동안 보관할 수 있을까?

바로 메모다. 이왕이면 디지털 시대에 맞춰 스마트폰 앱을 활용을 추천한다. 시중에 나와 있는 다양한 어플 중 내가 가장 오랫동안 쓰고 있는 녀석은 바로 '네이버 메모'이다. 기존 노트 기능에 일정 관리, 사진 첨부, 음성 녹음, 스티커 꾸미기 등 다양한 기능이 추가되어 있어 편리하다. 번거롭게 종이 수첩이나 다이어리를 들고 다닐 필요가 없다. 물론 직접 펜이나 연필로 기록할 때의 아날로그 감성과는 거리가 멀어졌지만 대신 좀 더 효율적으로 기록할 수 있게 됐으니 만족한다. 네이버 메모의 가장 큰 장점은 언제든지 이전 메모한 것을 검색 가능하다는 것이다.

직접 필기를 하는 다이어리는 예전에 메모했던 것을 찾으려 하면 메모했던 날짜를 기억해서 페이지를 한 장 한 장 넘겨야 되지만 네이버 메모는 검색어를 타이핑하고 버튼만 누르면 결과가 나온다. 다이어리와는 비교도 안 될 만큼 검색이 쉽다 그리고 언제든지 메모했던 내용을 복사해서 다른 문서 작성에 쓸 수도 있다. 그래서 내가 평소 때 메모를 하는 습관은 나중에 검색할 상황을 고려하여 메모를 한 지 오래 지나도 쉽게 검색할 수 있는 키워드를 미리 예상하여 메모를 하는 습관이 있다.

특히 영어 단어와 관련해서 입력할 때는 한글과 영어를 같이 입력하면 나중에 두 개 중 한 개만 입력해도 검색이 되니까 편할 때가 많다. 메모를 할 때 나중에 검색어를 입력할 때 혼동이 될 것 같으면 관련 연관을 여러 개 같이 입력하는 방법도 있다. 이처럼 모든 데이터를 아날로그 보다 디지털화시켜 저장해놓으면 나중에 검색하여 재활용하기가 너무 쉽다. 지금 이 책에 쓰고 있는 많은 주제나 내용들은 모두 평소 나의 메모 습관에 의해 저장된 콘텐츠들을 검색해서 적절히 편집하여 작성한 부분들이 많다. 이처럼 디지털 메모를 활용하면 나만의 콘텐츠를 만들어내기가 훨씬 쉬워진다.

소심한 사람들에게

평소 내성적이고 소심한 성격 탓에 남들 앞에 서는 일이 부담스럽고 두려운 사람들을 위해 몇 마디 쓴다. 소심한 사람들은 일상생활 속에서도 크고 작은 어려움을 겪는다. 항상 자신감 넘치는 사람처럼 딩딩하게 행동하고 싶지만 쉽지 않다. 어떻게 하면 이러한 문제를 해결할 수 있을까? 전문가들은 먼저 자신만의 스트레스 해소법을 찾아야 한다고 조언한다. 그리고 이를 통해 자존감을 높이고 스스로 긍정적인 마인드를 가져야 한다. 그리고 운동 및 명상 같은 활동을 통해 마음의 여유를 갖는다면 보다 효과적으로 극복할 수 있다고 말한다. 그렇다면 어떠한 방법으로 실천해야 하는 게 가장 좋을까? 소심함을 극복하는 것은 어려울 수 있지만, 자신감을 쌓고 사회적 상황에서 더 편안해질 수 있는 방법들이 있다. 고려해야 할 몇 가지 전략은 다음과 같다.

1. 작은 것부터 시작해서 점차 당신의 길을 걸어라.

만약 여러분이 극도로 소심하다면, 너무 압도적이지 않은 사회적 상황에 여러분 자신을 두는 것부터 시작하라. 작은 모임에 참석하거나 비슷한 관심사를 가진 사람들의 작은 그룹에 참여하라. 여러분이 더 편안해질수록, 더 큰 행사에 참석함으로써 점진적으로 여러분 자신에게 도전하라.

2. 사교술을 연습하라.

사람들과 상호작용하는 것은 소심한 사람들에게 신경을 건드리는 일이 될 수 있다. 이를 극복하기 위해서는 아이 컨택, 미소 짓기, 잡담하기 등의 사회적 기술을 연습하는 것이 도움이 될 수 있다. 여러분은 친구, 가족, 심지어 낯선 사람들과 함께 연습할 수 있다.

3. 상대방에게 집중하라.

소심한 사람들이 사회적 상황에서 불안감을 느끼는 이유 중 하나는 자신에게 너무 집중하기 때문이다. 대신, 질문을 하고 그들이 해야 할 말에 진정한 관심을 보임으로써 상대방에게 집중하도록 노력하라. 이것은 여러분 자신에게서 초점을 떼고 불안을 완화하는 데 도움을 줄 수 있다.

4. 칭찬을 받아들이는 법을 배우세요.

소심함을 가진 사람들은 종종 칭찬을 받아들이기 어렵다. 누군가 여러분에게 칭찬을 해줄 때 "감사합니다."라고 말하고 여러분의 성취를 인정하는 것을 연습하라. 이것은 자존감과 자신감을 키우는 데 도움을 줄 수 있다. 이러한 전략을 사용하고 자신에게 인내심을 가지면서, 여러분은 소심함을 점차 극복하고 사회적 상황에 더 자신감을 가질 수 있다. 기억하라, 변화는 시간이 걸리지만, 연습과 끈기로, 여러분은 목표를 달성할 수 있다.

여기에다 인플루언서인 내가 추천하는 또 다른 방법은 이프랜드 같은 메타버스에서 활동을 해보라는 것이다. 반드시 인플루언서가 되라는 것은 아니다. 일반 사용자로 자신이 마음에 드는 밋업에 들어가서 같이 강의를 듣거나 다양한 행사에 참석하면서 참석자들과 대화를 하는 활동이 반복되다 보면 어느 순간 자신감이 생겨 자연스럽게 대화를 하는 자신을 발견할 수 있을 것이다. 나중에는 스스로 강의도 할 수 있는 수준까지 발전할 수도 있을 것이다. 대중 앞에 서서 말하는 것에 익숙하지 않거나 두려웠던 사람들이 메타버스 안에서 몇 개월 지낸 후엔 매우 자연스럽게 녹아든 모습을 자주 발견하게 된다. 직접 얼굴을 드러내지 않고 아바타를 통해서 대화를 하거나 강의를 하면서 자연스럽게 얻어지게 되는 가장 큰 긍정적인 효과인 것이다. 이것은 오랜 시간 인플루언서로 활동한 내 경험에서 나오는 말이니 꼭 한번 실천해보기 바란다.

창의성 키우기

우리는 모두 창의적인 사람이 되고 싶어 한다. 하지만 막상 창의성이 무엇인지 물어보면 쉽게 대답하지 못한다. 도대체 창의성이란 무엇일까? 그리고 어떻게 하면 창의적인 사람이 될 수 있을까? 나 또한 늘 궁금해했던 질문이었다. 예전에 인터넷에서 도서를 검색하다가 심리학자인 애덤 그랜트가 저술한 『오리지널스』라는 책을 발견했다. 호기심이 발동하여 목차를 훑어봤는데 내용이 무척 신선하다는 느낌을 받았다. 때마침 베스트셀러 코너에 올라 있었고 댓글 반응도 나쁘지 않은 것 같아 구매하였다. 개인적으로 느낀 바가 많아서 그런지 기억에 남는 구절이 참 많았다. 독서할 때 메모해두었던 몇 가지를 소개하자면 다음과 같다.

1. 독창성은 천재들의 전유물이 아니다. 단지 남들과는 다른 방식으로 사물을 바라보고 접근했을 뿐이다.

2. 창조적인 사람일수록 개방적이고 수용적인 태도를 보인다.

3. 위험을 감수해야 하는 상황에서는 두려움을 느끼지 않는 척 행동하라.

4. 다양한 경험을 통해 세상을 바라보는 시야를 넓혀라.

5. 틀에 박힌 사고에서 벗어나 자유로운 발상을 하라.

6. 때로는 의도적으로 실수를 저질러라.

7. 불확실한 상황이야말로 기회임을 명심하라.

8. 고정관념이라는 감옥에서 탈출하라.

9. 마지막으로 지기 확신을 가져라.

위 9가지 항목 외에도 좋은 내용이 많았지만 핵심은 이것만으로도 충분히 전달되었을 거라 생각한다. 위 키워드들이 마음에 들고 창의적인 사고를 공부하려면 직접 책을 구매해서 읽어보기를 적극 추천한다.

효율성과 생산성

열심히 일하는 데도 생산성이 높지 않다면 어떻게 해야 할까? 나는 이를 해결하기 위해서 무엇보다 자신의 업무 방식을 돌아봐야 한다고 생각한다. 물론 우리 모두 나름대로 최선을 다해 일하고 있을 것이다. 하지만 안타깝게도 그런 노력들은 종종 비효율성이라는 결과로 나타난다. 그렇다면 왜 이러한 문제가 발생하는 것일까?

여기에는 크게 세 가지 원인이 있다고 생각한다. 첫 번째로는 목적 없는 행동이고, 두 번째는 잘못된 우선순위 설정이며, 마지막으로는 집중력 부족이다. 위 세 가지 요인만 개선해도 당신의 생산성은 확실히 높아질 것이다. 그럼 각 항목별로 자세히 살펴보도록 하자.

첫째, 목적 없는 행동 먼저 살펴보자. 일을 하다 보면 간혹 아무 계획 없이 무작정 덤벼드는 경우가 있다. 시간 가는 줄 모르고 정신없이 일하다 보면 어느새 퇴근 시간이 훌쩍 지나 있다. 그러면 또다시 야근을 하게 되고 악순환이 반복된다. 따라서 효율적인 업무 처리를 위해서는 반드시 목표 의식을 갖고 임해야 한다. 그래야 중간중간 휴식시간을 갖거나 필요한 준비물을 미리 챙기는 등 보다 체계적으로 일할 수 있기 때문이다.

두 번째 문제점은 잘못된 우선순위 설정이다. 이것 역시 의외로 많은 직장인들이 겪고 있는 문제인데 정작 중요한 일보다는 당장 급한 일에만 매달리는 경향이 있다. 그러다 보니 늘 바쁘고 여유가 없다. 이럴 땐 현재 하고 있는 일 가운데 정말 중요한 일과 그렇지 않은 일을 구분하여 정리해볼 필요가 있다. 그러고 나서 불필요한 일은 과감히 포기하자. 대신 지금 당장 하지 않아도 되는 일은 뒤로 미뤄두면 된다. 이렇게 되면 쓸데없이 낭비되는 시간을 줄일 수 있어 한결 여유로워질 것이다.

마지막으로 집중력 부족 현상을 들 수 있다. 이건 비단 개인에게만 해당되는 사항은 아니다. 회사 차원에서도 마찬가지다. 직원 개개인의 역량 강화나 성과 창출을 원한다면 근무 환경 조성에 신경 써야 한다. 가령 사무실 분위기가 산만하다면 당연히 업무 능률이 떨어질 수밖에 없다. 그러므로 쾌적한 공간 마련 및 적절한 휴식 시간 제공 등 다양한 방면에서 지원을 아끼지 말아야 한다.

까다로운 사람과의 실전 대화법

사업의 특성상 새로운 거래를 위한 업무 미팅을 하는 것도 내 주요 일상 중 하나이다. 그럴 때마다 어떻게 하면 상대방으로부터 호감을 살 수 있을지 늘 고민하곤 한다. 실제로 우리 주위에서는 까다롭고 예민한 사람들의 쉽게 만날 수 있다. 이런 사람들을 업무적으로 만났을 때 피하기보다는 적극적으로 대처하여 설득을 해야 한다. 이러한 상황에서 효과적으로 의사소통할 수 있는 구체적인 전략이 어떤 것이 있을까.

우선 첫 번째 단계는 상대의 마음을 헤아리는 것이다. 만약 누군가 당신에게 부정적인 감정을 표출한다면 그건 분명 그만한 이유가 있기 때문이다. 따라서 섣불리 판단하여 섣부른 충고나 조언을 하기보다는 일단 경청하는 자세를 가져야 한다. 이때 주의할 점은 절대로 맞장구치지 말아야 한다는 것이다. 자칫하면 반감을 불러일으킬 수 있기 때문이다. 대신 공감한다는 표현을 해주는 게 좋다. 그러면 상대방 역시 한결 누그러진 태도를 보일 것이다.

다음으로 긍정적인 면을 강조하라. 칭찬이든 격려든 뭐든지 상관없다. 다만 지나치게 과장된 표현은 삼가야 한다.

마지막으로 자기를 노출하라. 단, 사적인 이야기는 금물이다. 최대한 객관적인 정보 전달에만 초점을 맞춰야 한다. 그래야 신뢰감을 줄 수 있으니까 말이다.

위에서 말한 몇 가지 원칙을 가지고 설득을 하는 연습을 반복하다 보면 처음에 까다로웠던 사람들도 어느덧 나와 웃으면서 대화하는 모습을 발견하게 될 것이다. 예스맨이라는 말을 들어본 적 있는가? 보통 누군가와의 대화나 일을 할 때 자신의 의견을 내세우지 않고 무조건 상대방의 의견대로 따르는 사람을 두고 하는 말이다. 나 역시도 과거에는 타인의 부탁을 거절하지 못하고 내키지 않아도 들어주는 경우가 많았다. 하지만 어느 순간부터는 아무리 친한 사이라도 서로 지켜야 할 예의가 있고 또 무엇보다 더 중요한 건 나도 다른 사람과의 관계 속에서 살아가고 있다는 걸 깨닫게 되었다. 그리고 언제까지나 남에게만 맞추고 살 수는 없다는 결론을 내리게 되었다. 그런 의미에서 나는 앞으로도 계속해서 인간 관계에서의 적당한 거리감을 유지하며 살아가려고 한다.

살다 보면 어쩔 수 없이 싫은 소리를 해야 할 때가 있다. 물론 좋은 의도로 그러는 거겠지만 듣는 입장에서는 썩 달갑지 않을 수도 있다. 더구나 가까운 사이일수록 더욱 그렇다. 이럴 때면 가끔 고민될 때가 있다. 그냥 모른 척 넘어갈까, 아니면 솔직하게 이야기해야 할까? 만약 후자라면 최대한 기분 상하지 않게끔 돌려서 말하는 게 좋다. 그러면 상대도 충분히 이해하리라 믿는다.

Z세대와 어울려 살아가기

　Z세대 이야기를 해보고 싶다. 바로 1995년 이후 태어난 이들을 Z세대라고 한다. 베이비붐 세대의 자녀 세대로 디지털 환경에 익숙하다는 특징을 갖고 있다. 그래서인지 이전 세대와는 확연히 다른 생활 양식을 추구한다. 가령 SNS 활동에 적극적이고 개인주의 성향이 강하다. 또 자신만의 개성을 중시하여 남들과 똑같은 건 거부한다. 이렇듯 시니어와 Z세대는 서로 다른 시대를 겪고 있어서 가치관, 생활 양식, 소통 방식 등이 다르기 때문에 서로 이해하는 데 어려움이 있을 수 있다. 그래서 시니어는 Z세대와 소통을 잘하기 위해 아래의 몇 가지 자세가 필요하다.

1. 열린 마음으로 대화하기

먼저, 시니어는 Z세대와 소통을 시작할 때, 열린 마음으로 대화를 해야 한다. 시니어는 자신의 주장을 앞세우기보다 자신들이 겪은 시대와는 다른 상황에서 자라는 Z세대의 가치관과 생각에 대해 이해하고 수용해야 한다. 이를 위해서는 현실적인 문제나 고민에 대해 이해하고 공감하며, 상대방의 의견을 경청하는 자세가 필요하다.

2. 디지털 기술을 활용하여 소통하기

Z세대는 디지털 기술에 익숙하며, 이를 통해 소통하는 것을 선호한다. 따라서 시니어는 Z세대와의 소통을 하기 위해 디지털 기술을 적극적으로 익히고 활용해야 한다. 이를 통해 새로운 소통 방식을 시도하고, 서로의 생각과 감정을 더욱 쉽게 공유할 수 있다. 또한, 시니어가 Z세대에게 다가가 디지털 기술을 배우고, 함께 활용하는 것도 좋은 방법이다.

3. 다양성과 평등을 존중하며 대화하기

Z세대는 다양한 배경과 가치관을 가진 사람들이 모여 살아가는 것을 좋아한다. 따라서 시니어는 이러한 다양성과 평등을 존중하면서 대화를 해야 한다. 이를 위해, 상대방의 문화나 관심사를 이해하고, 그에 맞게 대화를 이어나가는 것이 중요하다. 또한, 편견이나 차별적인 발언을 하지 않도록 주의하고 서로 존중해주어야 한다.

3. 상대방의 성장과 발전을 지원하는 자세

시니어는 Z세대가 성장하고 발전할 수 있도록 지원하는 자세가 필요하다. 이를 위해, 자신들이 겪은 경험과 지식을 공유하고, 필요한 조언이나 도움을 주는 것이 좋은 방법이다. 또한, Z세대의 역량을 인정하고, 그들의 의견을 존중하는 것도 중요하다. 이를 통해 Z세대는 자신들의 의견이 중요하다는 것을 느끼며, 더욱 적극적으로 참여할 수 있다. 또한, 시니어는 Z세대가 자신들의 능력을 최대한 발휘할 수 있는 기회를 제공하고, 그들이 원하는 방향으로 성장할 수 있도록 돕는 것이 좋다. 그렇지만 무엇보다 중요한 자세는 원하지 않는 지원은 간섭이 된다는 것을 명심해야 한다.

4. 적극적인 소통 채널을 활용하기

시니어는 Z세대와 소통하기 위해 적극적인 소통 채널을 활용하는 것이 중요하다. Z세대는 인스타그램 같은 SNS나 카톡을 이용하여 소통하는 것을 선호하기 때문에, 이러한 채널을 적극적으로 활용해야 한다. 시니어에게 익숙한 전화 문화가 Z세대에게는 실례가 될 수도 있다. 가급적이면 카톡으로 먼저 물어 보고, 직접 전화할 경우에도 전화를 받을 수 있는 상황인지 먼저 물어보는 게 예의이다. 또한, Z세대의 관심사에 맞춘 메타버스 같은 플랫폼을 찾아서 같이 동참하는 것도 좋은 방법이다.

Z세대들도 살다 보면 크고 작은 어려움에 부딪히게 될 거라 생각한다. 그럴 때 누군가 옆에서 도와주면 얼마나 좋을까 하고 생각하지만 정작 주변을 둘러보면 아무도 없는 경우가 많다. 이미 익숙한 인터넷이나 유튜브를 통해서 해답을 찾으려고 하는 경우도 많지만 정작 자신의 고민을 정확히 진단하고 마음에 위로를 받는 경우는 쉽지 않다. 이럴 때 필요한 존재가 바로 시니어 멘토다. 멘토가 늘 고민을 해결해주는 만병통치약은 아니지만 적어도 올바른 방향으로 나아갈 수 있도록 인도해준다는 점에서 분명 긍정적인 영향을 미칠 수 있다. 따라서 주위의 Z세대가 혼자 힘으로 도저히 감당하기 힘든 경우에 빠졌을 때 주저하지 말고 적극적으로 도움을 주어라. 그러면 머지않아 당신에게도 훌륭한 멘티가 생길 것이다. Z세대의 멘티는 시니어에게 좋은 친구가 된다.

경험과 인맥이 곧 경쟁력

현대 사회에서는 경쟁이 치열해지고, 직장에서 경쟁력 있는 인재들이 더욱 우대를 받는 추세다. 이에 따라, 자기계발을 통해 경쟁력을 갖추는 것이 필수적으로 요구되며, 이를 위한 가장 중요한 자산에 '경험'과 '인맥'이 있다.

경험은 어떤 일을 직접 해보거나 경험해본 것을 말한다. 이를 통해 우리는 새로운 지식과 기술을 습득하고, 시야를 넓히며, 자신의 역량을 확인할 수 있다. 따라서 취업 준비생들은 해외여행, 자원 봉사 활동, 새로운 언어 학습 등의 경험을 적극적으로 쌓아나가야 한다.

또한, 인맥 또한 매우 중요한 자산이다. 인맥은 사람들 간의 관계를 말하며, 우리의 삶에서 매우 중요한 역할을 한다. 인맥을 통해 우리는 정보를 얻을 수 있고, 자신의 역량을 높일 수 있다. 따라서 선배나 동료와의 관계 형성을 중요시하며, 그들의 추천이나 정보를 얻어 더 많은 기회를 얻을 수 있도록 해야 한다.

경험과 인맥은 우리의 경쟁력과 직결되어 있기 때문에, 적극적인 자기계발이 필요하다. 하지만, 무작정 경험과 인맥을 쌓는 것보다는, 질적인 측면에 중점을 두는 것이 중요하다. 따라서 적극적으로 경험을 쌓아나가는 것과 동시에, 그 경험이 우리의 인생에 어떠한 영향을 미치는지 고려해야 한다. 또한, 인맥을 넓히는 것도 양적인 측면보다는 질적인 측면에 더 중점을 둬야 한다.

시니어들도 경험과 인맥을 쌓아 경쟁력을 높이는 것이 중요하다. 그러나 최종 목표인 성공을 보장해주는 것은 아니다. 따라서 노력과 열정이 필수적으로 요구되며, 경험과 인맥은 이를 위한 도구일 뿐이다. 따라서 우리는 자기계발을 통해 경쟁력을 키우는 동시에, 끊임없는 노력과 열정으로 목표를 추구해야 한다.

최근 들어, 많은 기업들이 '문제 해결 능력', '창의성' 등의 역량을 중요시하고 있다. 이러한 역량들은 다양한 경험과 인맥을 통해 발전할 수 있다. 따라서 자기계발을 통해 경험과 인맥을 적극적으로 쌓는 것은 물론, 이를 토대로 자신의 역량을 발전시켜야 한다.

재테크 능력 못지않게 중요한 게 인간관계라는 말이 있다. 주변에 좋은 사람이 많을수록 인생이 풍요로워지고 사업가에게는 인맥이 곧 자산이기 때문이다. 내가 인플루언서 활동을 하면서 얻은 가장 큰 성과는 많은 친구들이다. 이들은 인플루언서 활동 초기부터 지금까지 직간접적으로 내 인생에 큰 영향을 미치고 있다. 운 좋게도 나는 인복이 많다. 돌이켜보면 정말 감사한 일이다. 사람 사귀기를 좋아하는 내 성격 탓도 있겠지만 메타버스 공간에서 아바타를 통해서 활동하다 보니 좀 더 쉽게 사람들을 만날 수 있었고, 그 이후 내가 정성과 진심을 다해 대하니 나중에 내 나이가 알려지더라도 관계가 멀어지는 경우는 거의 없었다. 1년이 넘는 기간 동안 인플루언서를 하면서 수백 명의 친구들을 사귀었다.

이렇게 마음을 나눌 수 있는 많은 친구들을 가진 내가 부럽지 아니한가. 여러분도 메타 버스 공간에서 새로운 친구를 사귀면서 행복을 찾아가기를 적극 권장한다.

강력한 친구, 독서

남들과 똑같은 스펙으로는 결코 살아남을 수 없다. 이제는 자기만의 강점을 살려야 한다. 그래야 치열한 경쟁 사회에서 살아남을 수 있다. 물론 쉽지는 않을 것이다. 그렇지만 불가능한 일도 아니다. 우선 내가 잘할 수 있는 일과 하고 싶은 일을 구분해야 한다. 그리고 잘하는 일보다는 하고 싶은 일에 좀 더 비중을 두는 게 좋다. 만약 둘 사이에 공통점이 있다면 금상첨화다. 그러면 자연스럽게 열정이 샘솟고 동기 부여가 되기 때문이다. 반대로 전혀 관련이 없다면 과감히 포기하자.

대신 부족한 부분을 보완하는 데 주력하면 된다. 가령 외국어 능력이 부족하다면 지금부터라도 꾸준히 공부하여 실력을 쌓으면 된다. 자격증 취득이든 영어회화든 뭐든지 좋다. 일단 목표를 세우고 차근차근 실행에 옮기자. 그럼 분명 좋은 결과가 있을 것이다.

세상에는 정말 셀 수 없이 많은 지식들이 존재한다. 하지만 사람들은 보통 자신이 관심 있어 하는 분야에만 집중해서 알아보고 준비하려는 경향이 있다. 내가 만약 프로그래머라는 꿈을 가지고 있다면 다른 일보다는 프로그램 공부만 하려고 할 것이다. 물론 나 또한 그랬다. 측정기 업무에 매달리며 직장 생활을 하다 문득 그런 생각이 들었다. '내가 평생 이것만 할까?'라는 의문점이었다. 나는 아직 젊고 앞으로 살아갈 날이 훨씬 더 많은데 한 우물만 파는 것은 리스크가 너무 크다는 생각이 들었다.

그리고 그때부터 그동안 몰랐던 새로운 길들이 보이기 시작했다. 전혀 예상하지 못했던 수많은 가능성들이 머릿속에 펼쳐지기 시작했다. 그러던 와중 우연히 아주 강력한 힘을 가진 친구를 만났다. 바로 독서다. 책을 많이 읽으면 좋다는 건 누구나 아는 사실이다. 그럼에도 불구하고 선뜻 실천하기 어려운 이유는 시간이 없어서라기보단 의지가 부족해서다. 솔직히 말해서 바쁜 현대인들에게 하루 1시간 이상 꾸준히 독서한다는 건 결코 쉬운 일이 아니다. 더군다나 스마트폰 보급률이 높아지면서 종이책 대신 유튜브를 보는 사람들이 많아졌다. 유튜브가 편리하다는 장점이 있지만 아무래도 기억에 오래 남는 것은 독서를 했을 때다. 따라서 가급적이면 종이 책을 읽으려고 노력해야 한다. 스마트폰은 눈 건강에도 좋지 않다.

기억에 남는 구절이나 내용은 따로 메모해두거나 사진을 찍어두면 좋다. 나중에 필요할 때 찾아보기 쉽기 때문이다. 이때 종이 노트에 적기보다는 나중에 검색해서 찾아보기 쉽게 메모 앱 같은 도구를 활용하는 것을 적극 추천한다. 그리고 자투리 시간을 활용하면 보다 효율적으로 읽을 수 있다. 출퇴근길 지하철이나 버스 안에서 틈틈이 보거나 잠들기 전 30분 정도 읽어주면 딱 알맞다. 이러기 위해서는 업무용 가방, 책상, 거실, 안방 등 눈에 띄는 모든 곳에 책을 놓아두는 것을 권한다. 독서를 할 때 반드시 한 권만 들고 완독할 필요는 없다. 여러 권을 한꺼번에 읽는 방법 중 하나는 자투리 시간을 이용해 손에 닿는 책을 조금씩 읽어나가는 것이 가장 효율적이다. 이렇게 하다 보면 자연스럽게 독서 습관이 형성되고 1년만 지나도 많은 책을 독파한 자신을 발견하게 될 것이다.

젊었을 때는 시사 상식에 대한 필요성을 크게 느끼지 못했다. 그저 신문 몇 개 정도만 꾸준히 읽으면 충분하다고 생각했다. 물론 틀린 말은 아니지만 좀 더 깊이 있게 공부하려면 다양한 주제의 전문 잡지를 읽어볼 필요가 있다. 가령 과학이나 IT 관련 이슈라면 주간지보다는 월간지를 추천한다. 아무래도 세부적인 전문 정보를 다루기 때문에 흐름을 이해하는 데 유리하다. 또 하나 명심해야 할 점은 반드시 종이책으로 봐야 한다는 것이다. 스마트폰이나 태블릿 PC로는 화면의 한계상 모든 기사를 담을 수 없다. 따라서 인쇄물 특유의 질감과 무게감을 느끼며 읽는 편이 좋다. 그리고 인터넷 검색만으로는 알 수 없는 고급 정보까지도 얻을 수 있으니 일석이조 아니겠는가?

독서의 아래와 같은 주요 장점들이 있어 우리에게 많은 이점을 제공한다.

1. 지식 및 정보의 습득

독서는 우리에게 다양한 주제에 대한 정보와 지식을 제공한다. 책을 통해, 우리는 새로운 사실과 개념을 배울 수 있고, 지식과 이해력을 향상시킬 수 있다.

2. 상상력과 창의력의 발달

우리가 좋은 책을 읽을 때, 그 이야기들과 등장인물들은 우리의 상상력을 자극하고 우리의 창의력을 발달시키는 데 도움을 줄 수 있다. 게다가, 다른 작가들이 다른 관점에서 스토리텔링에 접근하기 때문에, 우리는 창의적인 아이디어로 이어질 수 있는 새로운 관점을 발견할 수 있다.

3. 대인관계 및 감정지능 향상

소설이나 시를 읽는 것은 우리가 등장인물의 감정과 상황에 공감하는 것을 도울 수 있고, 우리의 대인관계와 감정지능의 향상으로 이어질 수 있다. 이것은 우리가 우리 자신과 다른 사람들의 감정을 이해하고 더 나은 개인적 관계를 유지하도록 도와준다.

4. 스트레스 해소

독서는 또한 스트레스를 해소하는 데 도움을 줄 수 있다. 좋은 소설에 몰입함으로써, 우리는 일상생활의 스트레스를 잊고 마음을 편안하게 유지할 수 있다.

5. 인지 능력 향상

독서는 또한 우리의 인지 능력을 향상시킬 수 있다. 독서를 통해, 우리는 문장과 단어의 의미를 이해할 수 있고, 추론과 비판적 사고 능력을 향상시킬 수 있다.

그러므로 독서는, 특히 정보와 지식의 폭발적인 증가가 독서를 훨씬 더 필수적인 요소로 만드는 오늘날의 사회에서 우리의 개인적인 성장에 중요한 역할을 한다. 그러나 스마트폰, 인터넷, 게임 등 다양한 디지털 미디어의 등장으로 독서 인구가 감소하고 있다. 이런 맥락에서 독서를 장려하고 그 가치를 재발견하는 것이 중요하다.

디지털 세상에서 삶에 쉼표 만들기

사람들은 누구나 다른 사람들로부터 인정받고 싶어 한다. 하지만 정작 자신에게는 관대하면서도 타인에게는 엄격한 잣대를 들이대는 경우가 많다. 그러다 보니 상대와의 갈등 상황에서도 좀처럼 양보하지 못하고 서로 자기주장만 내세우다 보면 감정싸움으로까지 번지는 경우가 허다하다. 그렇다면 어떻게 해야 상대방과의 원활한 소통 및 공감대 형성을 통해 원만한 인간관계를 유지할 수 있을까? 그리고 이를 위해서는 우리는 무엇을 알아야 할까?

우선 나 자신을 먼저 돌아봐야 한다. 내가 원하는 바가 무엇인지 정확히 인지해야 한다는 말이다. 그래야 나와 다른 성향의 사람과도 조화롭게 지낼 수 있다. 만약 그렇지 않다면 사소한 일에도 쉽게 화를 내고 짜증을 낼 수 있기 때문이다.

다음으로는 경청하려는 자세가 필요하다. 대화 시 맞장구를 치거나 고개를 끄덕이는 등 리액션을 적극적으로 해주면 좋다. 그러면 상대방 역시 신이 나서 더 많은 이야기를 들려줄 것이다. 마지막으로 칭찬을 아끼지 말아야 한다. 설령 마음에 들지 않는 행동을 하더라도 일단은 좋게 봐주고 장점을 찾아서 칭찬해주는 태도가 바람직하다. 이렇게 하다 보면 자연스럽게 신뢰 관계가 형성되고 돈독한 사이로 발전할 수 있을 것이다.

요즘 코로나19로 인해 사람들은 집 안에서만 생활하며 주로 TV나 유튜브 같은 영상 매체를 통해 정보를 얻고 휴식을 취한다. 하지만 우리 모두 알다시피 이러한 미디어 속에서는 자극적인 요소만 가득하다. 그리고 이것도 잠시일 뿐 조금만 지나면 또다시 새로운 재미를 찾아 헤맨다. 그러다 보면 어느새 하루하루 지쳐가는 자신을 발견할 수 있다. 그렇다면 어떻게 해야 지친 일상생활로부터 벗어나 진정한 휴식을 취할 수 있을까? 나만의 힐링 방법을 찾는 것이 중요하다. 음악 감상하기, 글쓰기, 그림 그리기, 목공 작업, 캠핑 등 각자마다 선호하는 활동을 통해서 마음의 여유를 되찾고 내면의 소리에 귀 기울이는 연습을 한다. 여러분들도 본인만의 방식대로 몸과 마음 건강을 지켜나가길 바란다.

## 5장

치밀한 시간관리 : 한정된 시간을 어떻게 쓸 것인가?

하루 24시간을 48시간처럼 쓰자

성공하기 위해서는 항상 목표를 세우고 이를 실천해야 한다. 하지만 모두가 알고 있듯이 말처럼 쉽지 않다. 그렇다면 어떻게 해야 할까? 바로 아주 작은 습관 하나만 바꾸면 된다. 예를 들어 10시에 잠드는 사람이라면 9시 59분까지만 TV를 보고 침대에 눕는 것이다. 혹은 5분만 더 앉아 있자고 생각했던 일을 3분으로 줄이는 것이다. 이러한 사소한 행동들은 당신의 인생을 바꿀 수도 있다.

조금이라도 빨리 잠자리에 들고 싶다면 알람시계를 15분 일찍 맞춰놓아라. 내일 입을 옷을 미리 준비해놓아라. 양치질 후 물 한 컵을 마셔라.

사소하지만 중요한 방법들이기에 자신 있게 말할 수 있다. 만약 아직까지도 실행하지 않고 있다면 당장 시작해라.

우리는 매일 크고 작은 선택의 기로에 선다. 그리고 그것이 모여 하루하루를 만든다. 따라서 오늘 하루 동안 내가 했던 모든 결정 사항들을 기록해보라. 그러면 놀랍게도 공통점을 발견할 수 있을 것이다. 그건 바로 나의 무의식이 내린 결정이라는 점이다. 의식적으로 판단한다고 생각하지만 실은 그렇지 않다. 대다수의 시간 동안 뇌는 휴식을 취하다가 잠들기 직전에야 비로소 활발하게 움직인다.

이때 기억 창고에 저장된 정보들을 꺼내 현재 상황에 맞게 재해석하여 최종 결정을 내린다. 그러므로 올바른 의사결정을 내리기 위해서는 충분한 수면이 필요하다. 그래야 낮 동안 수집한 정보들을 제대로 활용할 수 있기 때문이다. 반대로 숙면을 취하시 못하면 다음 날 컨디션 난조로 인해 업무 효율이 떨어질 뿐만 아니라 실수나 사고 위험률도 높아진다. 그렇기 때문에 자기 전 스마트폰 사용을 자제하고 카페인 섭취를 줄여야 한다. 더불어 규칙적인 운동과 명상을 통해 심신을 안정시키고 편안한 상태를 유지하도록 노력해야 한다. 이렇게 꾸준히 하다 보면 자연스럽게 좋은 습관이 형성될 것이다.

직장인들이라면 누구나 한 번쯤 자신의 업무 처리 속도 및 효율성에 대해서 회의감을 느껴본 적이 있을 것이다. 하지만 사람들은 이러한 문제 상황에 직면했을 때 해결하기보다는 포기하거나 외면하며 회피하려는 경향이 강하다. 만약 본인 스스로 변화할 의지가 있다면 현재보다 더 나은 삶을 살 수 있지 않을까? 여기서 말하는 변화란 단순히 머리로만 하는 게 아닌 행동으로까지 이어지는 것을 말한다. 그렇다면 어떻게 해야 할까? 우선 무엇이든 계획을 세우는 습관을 들이는 것이 중요하다. 그리고 바로 이때 필요한 것이 '주간 계획'과 '하루 계획'이다.

누구나 한 번쯤은 일상생활 속에서 '아, 내일 뭐 하지?'라는 생각을 해본 적이 있을 것이다. 내 경우에도 자주 하는 편인데 보통 이럴 때 즉흥적으로 무언가를 한다거나 또는 아무것도 안 하거나 둘 중 하나다. 하지만 이러한 행동들은 나중에 후회할 가능성이 높다. 왜냐하면 아무런 계획 없이 하루를 보낸다는 것은 그날 해야 할 일을 모두 끝내지 못했다는 뜻이기 때문이다. 그렇다면 어떻게 하면 좀 더 효율적으로 그리고 생산적으로 하루를 보낼 수 있을까?

여기서 말하는 생산성이란 단순히 '무언가를 했다' 혹은 '안 했다'와 같은 양적인 개념이 아닌 질적인 개념에서의 생산성을 말한다. 즉, 내가 가지고 있는 한정된 시간 동안 얼마나 집중력 있게 업무를 처리했는지 또한 중요하다는 말이다. 따라서 나는 평소 직장인들뿐만 아니라 학생들에게도 항상 강조하는 게 바로 매일매일 자신만의 루틴을 만들어 실천하라는 것이다. 물론 이를 꾸준히 실행한다는 것은 결코 쉬운 일이 아니다. 하지만 우리가 기계가 아닌 사람이기에 때로는 실수도 하고 실패도 하겠지만 그래도 포기하지 않고 계속해서 노력한다면 분명 언젠가는 큰 성과를 이룰 수 있을 것이다.

계획표 작성은 이렇게

1단계 : 목표 세우기

먼저 이루고 싶은 목표를 구체적으로 적어본다. 막연하게 '부자가 되고 싶다'고 적는 것보단 '10년 후 내 집 마련 자금 2억 원 모으기'라든지 '올해 연봉 2천만 원 올리기'식으로 수치화시키는 편이 좋다. 그래야 달성 여부를 한눈에 확인할 수 있기 때문이다.

2단계 : 실천 방안 정하기

목표를 세웠다면 이제 실천해야 한다. 그러려면 하루 단위로 쪼개어 세부 플랜을 짜야 한다. 가령 퇴근 후 매일 30분씩 운동하겠다는 목표를 세웠다면 월요일엔 헬스장 가기, 화요일엔 공원 산책하기 등등 요일별로 세분화시켜 기록하면 된다. 물론 이렇게 한다고 해서 당장 눈에 띄는 성과가 나타나진 않을 것이다. 하지만 꾸준히 하다 보면 분명 긍정적인 변화가 생길 것이다.

3단계 : 습관화하기

일반적으로 목표를 세우고 실천하는 것만 해도 큰 성과를 이루었다고 할 수 있다. 그러나 큰 성공의 길로 가려면 목표 실행을 일회성에 그치지 않고 습관화를 해야 한다. 산책, 운동 등을 매일 하루도 빠짐없이 하는 습관을 들여 완전히 자신의 것으로 만들었을 때 비로소 성공의 반열에 들었다 할 수 있다. 목표를 세우고 실천하여 습관화시키는 단계까지 이르는 사람은 100명 중 1명도 안 된다. 그만큼 쉽지 않다는 말이다. 그만큼 습관화의 단계에 이르면 그 행복감은 어마어마해진다.

다음으로 일일 계획표 작성법에 대해 알아보자.

1단계 : 시간관리 매트릭스 만들기

우선 오늘 하루 동안 나에게 주어진 시간이 얼마나 되는지 체크해봐야 한다. 보통 오전 7시부터 오후 10시까지 총 13시간 정도인데 점심시간 1시간과 출퇴근 시간 2시간을 제외하면 대략 12시간 정도 남는다. 따라서 남은 시간을 잘 활용하려면 낭비되는 시간을 최소화시켜야 한다. 먼저 고정된 일과 관련된 일로는 출근 준비/출근/퇴근/점심시간/휴식시간 등 이 있으며 유동적인 일과 관련된 일로는 전화통화/회의/미팅/이동시간 등이 있다.

마지막으로 자기계발과 관련된 일로는 독서/공부/운동/취미 생활 등 이 있는데 각각의 항목별 소요 시간을 계산하여 적절한 배분이 필요하 다. 참고로 아침형 인간들은 주로 새벽 시간을 이용하기 때문에 남들보 다 여유롭게 하루를 시작할 수 있어 상대적인 만족감이 더 크다 할 수 있 다.

2단계 : To do list 작성하기

이제 본격적으로 그날 해야 할 일들을 정리해보자. 앞서 말한 대로 정 해진 틀은 없지만 가급적 최대한 구체적으로 쓰는 게 좋다. 일단 크게 분 류하자면 회사 업무와 개인 용무로 나눌 수 있는데 전자의 경우 프로젝 트 진행 상황 점검/보고서 작성/미팅 일 조율 등이 해당된다. 후자의 경 우 은행 업무 보기/병원 예약하기/친구 만나기 등이 포함된다.

내 경우에는 업무와 개인 용무 계획을 별도로 구분하지 않는다. 한 개 의 일정표에서 같이 관리하며 우선순위를 정한다. 업무든 개인 용무든 어차피 내가 해야 할 일이기 때문에 별도로 구분하여 관리할 필요가 없기 때문이다. 단, 주의할 점은 반드시 마감 기한을 정해놓아야 한다는 것이다. 그렇지 않으면 자꾸 미루게 돼서 나중엔 감당 못 할 지경에 이르기 때문이다.

자투리 시간도 내 것으로

성공하기 위해서는 우선 목표를 세워야 한다. 그리고 그 목표를 이루기 위한 계획을 수립해야 한다. 하지만 여기서 중요한 것은 바로 실행력이다. 아무리 철저한 계획을 세운다고 해도 실천하지 않으면 무용지물이기 때문이다. 그렇다면 우리는 왜 늘 실패만 하는 걸까? 그건 바로 체계적인 시간관리 능력이 부족하기 때문이다. 따라서 효과적인 시간관리 방법을 통해 이를 극복할 필요가 있다. 그럼 지금부터 효율적인 시간 관리법에 대해 알아보자.

먼저 자투리 시간을 활용하자. 하루 24시간은 누구에게나 공평하게 주어진다. 다만 각자 처한 상황에 따라 사용하는 시간은 제각각 다르다. 누군가는 잠자는 시간조차 아깝다며 새벽 일찍 일어나 공부나 운동을 하고 출근하기도 한다. 반면 다른 누군가는 퇴근 후 여가생활을 즐기거나 밀린 집안일을 하느라 정신없이 보낸다. 물론 둘 다 장단점이 있지만 개인적으로는 전자 쪽이 더 낫다고 생각한다. 왜냐하면 어차피 똑같이 주어진 시간이지만 경험상 아침 이른 시간에 하는 일이 훨씬 성취감이 크다고 할 수 있기 때문이다.

중요한 것은 남는 자투리 시간을 잘 활용하는 것이다. 가령 출퇴근길 지하철이나 버스 안에서 영어 단어를 외운다든지 점심 식사 후 잠깐 짬을 내 독서를 하는 식으로 말이다. 이렇게 틈틈이 생기는 자투리 시간을 모으면 결코 무시 못 할 양이 된다. 만약 이것저것 하기 귀찮다면 그냥 멍 때리는 것도 나쁘지 않다. 아무 생각 없이 멍하니 앉아 있으면 뇌가 휴식을 취할 수 있기 때문이다. 이때 명상을 하거나 가벼운 스트레칭을 해주면 더욱 좋다. 어쨌든 이러한 자투리 시간을 최대한 활용한다면 보다 알찬 하루를 보낼 수 있을 것이다.

인생은 타이밍이다, 지금 당장 시작하자

우리나라 속담 중 "인생은 타이밍이다."라는 말도 있다. 모든 일에는 적절한 시기가 있다는 뜻인데 비슷한 의미로는 '때를 놓치면 안 된다.' 혹은 '기회를 잡아야 한다.'라고 해석할 수 있다. 그렇다면 왜 하필이면 이때일까? 사람들은 누구나 성공하기를 원한다. 하지만 모두가 성공하지는 못한다. 왜냐하면 세상엔 수많은 기회가 존재하지만 그것을 잡는 사람은 소수이기 때문이다.

예를 들어 직장인들 사이에서 이직 붐이 일어난 적이 있는데 그때 당시 다니던 회사를 그만두고 다른 곳으로 옮기는 사람도 있었지만 반대로 옮기지 않고 그대로 다니는 사람도 있었다. 결과론적으로 보면 옮긴 사람보다 그렇지 않은 사람이 더 많았다. 즉, 옮길 만한 가치가 없는 기업이었기 때문이었다. 만약 옮기고자 하는 기업이 그만한 가치가 있었다면 어땠을까? 분명 옮기려고 했던 사람뿐만 아니라 주위에서도 적극적으로 권유했을 것이다. 여기서 알 수 있듯이 아무리 좋은 기회라도 본인 스스로 확신이 들지 않는다면 망설이게 되고 결국 놓치게 되는 것이다. 그러니 항상 자신감을 가지고 도전하자!

일반적으로 사람들은 유난히 미루는 습관이 많다. 심지어 자신이 무엇을 해야 하는지 알면서도 차일피일 미루다가 결국 하지 않는 경우도 허다하다. 이러한 행동 패턴은 비단 개인에게만 국한되는 것이 아니다. 회사에서도 업무 처리 방식 및 일정 관리 측면에서 고질적인 문제로 여겨지고 있다. 하지만 이것은 단지 개인의 의지력 부족만으로 치부할 수 없다. 근본적인 원인은 일을 할 때 필요한 프로세스나 시스템이 제대로 갖춰져 있지 않기 때문이다. 따라서 조직 구성원 개개인의 의지만으로는 결코 생산성을 높일 수 없다.

그렇다면 어떻게 해야 할까? 답은 간단하다. 일하는 방식을 바꾸면 된다. 기존의 '열심히' 하던 문화에서 벗어나 효율성과 효과성 중심의 새로운 패러다임으로의 전환이 필요하다. 이를 위해서는 먼저 현재 상황을 객관적으로 진단해야 한다. 그리고 현실 가능한 목표를 설정하여 그것을 달성하기 위한 구체적인 계획을 수립해야 한다. 마지막으로 결과보다는 과정 자체에 의미를 부여하며 피드백을 통해 스스로 개선점을 찾아나가는 노력이 필요하다.

"인생은 타이밍이다."라는 말처럼 기회도 준비된 사람만이 잡을 수 있다. 성공하기 위해서는 목표를 설정하고 그것을 이루기 위한 계획을 세우는 것이 중요하다. 하지만 문제는 우리 모두가 알고 있듯이 실천력이다. 아무리 완벽한 계획을 세워도 실행하지 않으면 아무 소용이 없다. 그렇다면 어떻게 해야 할까? 나의 멘토 나폴레온 힐은 『놓치고 싶지 않은 나의 꿈 나의 인생』에서 "생각만으로는 아무것도 이룰 수 없다."라고 말한다. 즉, 행동해야 한다는 것이다. 그리고 이러한 행동할 수 있는 원동력은 바로 동기 부여다. 만약 당신이 이루고 싶은 목표가 있다면 반드시 종이에 써서 눈에 띄는 곳에 붙여두길 바란다. 그러면 자신도 모르게 계속해서 의식하게 되고 조금씩이라도 움직이게 될 것이다.

우연히 유튜브 영상을 통해 김수영 작가님을 알게 되었다. 그녀는 가난한 가정 형편 탓에 중학교를 중퇴하고 공장에서 일하다가 검정고시로 실업계 고등학교에 진학했다. 이후 대학 입학시험에서 떨어지고 방황하던 시기에 암 선고를 받았다. 다행히 수술 후 완치되었지만 여전히 삶은 녹록지 않았다. 설상가상으로 아버지께서 돌아가시면서 빚더미에 앉게 되었고 어머니께서는 우울증 증세까지 보이셨다. 그럼에도 불구하고 그녀는 포기하지 않았고 마침내 당당히 연세대에 합격했다. 세계 매출 1, 2 위 다투는 글로벌 석유, 에너지 기업 '로열 더치 셀' 영국 본사에 입사하여 카테고리 매니저로 근무하였으며, 현재는 꿈, 사랑 행복 창작소인 '꿈 꾸는지구'의 대표로 책 출간 및 강연회 개최 등 다양한 활동을 하고 있다.

내가 그녀를 좋아하는 이유는 어려운 환경 속에서도 좌절하지 않고 끊임없이 도전했기 때문이다. 이분이야말로 꿈을 지향하는 많은 분들에게 귀감이 되는 롤 모델이 아닐까 싶다.

우선순위가 중요

해야 할 일들은 항상 넘쳐나는데 좀처럼 시작하기가 어렵다. 막상 하려고 해도 어디서부터 어떻게 시작해야 할지 막막하다. 이럴 때일수록 '할 일 목록'을 만드는 것이 중요하다. 하루 동안 끝내야 할 일들을 메모장에 나열하듯 쭉 적는 것이다. 단, 여기서 주의할 점은 반드시 구체적으로 적어야 한다는 것이다. 예를 들어 '영어 공부하기'보다는 '토익 문제집 한 챕터 풀기'처럼 말이다. 그리고 최대한 빨리 끝낼 수 있는 일 위주로 리스트를 만든다. 마지막으로 그날 처리하지 못한 일들은 과감히 버린다. 이를 반복하다 보면 어느새 효율적으로 일할 수 있게 될 것이다.

내겐 늘 계획표가 필요했다. 학창 시절엔 시험 기간에만 벼락치기로 공부했고 성인이 되어서도 똑똑한 머리만 믿고 계획 없이 지낸 시간이 많았다. 물론 나름대로 열심히 살았지만 돌이켜보면 아쉬움이 많이 남는다. 나폴레온 힐 성공철학을 만난 이후로 계획표 작성은 내게 가장 중요한 습관이 되었다. 우선 매일 아침 출근을 하자마자 오늘 해야 할 일들을 적어본다. 그리고 나서 순서대로 하나씩 해결해나간다. 이렇게 하다 보면 업무 능률이 훨씬 높아진다는 것을 스스로도 자주 느낀다. 덕분에 늦게까지 일을 하는 경우도 거의 없고 퇴근 후 나만의 여가시간을 충분히 가질 수 있다. 이러한 습관으로 시니어 인플루언서로 활동하며 다양한 분야에 도전을 하면서도 여유로운 시간을 보낼 수 있다.

성공하기 위해서는 계획을 세우는 것이 중요하다. 하지만 사람들은 보통 구체적인 계획 없이 즉흥적으로 일을 처리하곤 한다. 그러다 보면 정작 중요한 순간에 제대로 된 판단을 하시 못해 기회를 놓치게 되는 경우가 많다. 반대로 평소에 철저하게 계획을 세워두면 위기 상황에서도 침착하게 대응할 수 있고 장기 목표 달성도 가능해진다. 그렇다면 어떻게 해야 효과적으로 계획을 세울 수 있을까? 여기서 한 가지 명심해야 할 사항이 있다. 바로 단기 계획과 장기 계획을 모두 세워야 한다는 것이다. 즉, 연간 계획표와 월간 계획표 그리고 주간 계획표를 동시에 준비해서 실천하도록 하자. 그러면 인생 전반에 걸쳐 원하는 결과를 얻을 수 있을 것이다.

만약 당신이 계획 없이 하루하루를 보내고 있다면 오늘부터라도 진지하게 고민해보길 바란다. 막연하게 먼 미래를 내다보기보다는 당장 내일 무슨 일을 할지 결정하는 게 훨씬 현실적이니까 말이다. 가장 간단한 것이 가장 중요할 때가 있다. 계획을 세우고 먼저 해야 할 일부터 하나씩 실천해보자. 이것이 습관화되면 길지 않은 시간 안에 이전보다 긍정적인 변화가 생긴 것 자신을 발견하게 될 것이다.

우리 삶 속에서는 수많은 선택의 순간들이 존재한다. 작게는 점심 메뉴 고르기부터 크게는 대학 진학 및 취업 그리고 결혼 상대자 찾기까지 모두 인생이라는 큰 틀 안에서 벌어지는 일들이다. 이러한 과정 속에서 매 순간마다 항상 옳은 선택만 할 수 있다면 얼마나 좋을까? 하지만 안타깝게도 현실은 그렇지 못하다. 늘 그렇듯 최선의 선택보다는 차선의 선택을 하게 되는 경우가 많다. 그렇다면 현명한 선택을 위한 방법은 없는 것일까? 만약 그런 방법이 있다면 누구나 쉽게 성공할 수 있지 않을까?

한때 자기 계발서 분야에서 최고의 인기를 누렸던 스티븐 코비의 『성공하는 사람들의 7가지 습관』에는 우선순위 설정에 대한 섹션이 포함되어 있다. 우선순위를 설정하는 코비의 접근 방식은 개인이 단순히 긴급하거나 긴급한 요구에 대응하는 것이 아니라 자신의 목표 및 가치와 일치하는 중요한 작업 및 활동에 집중해야 한다는 생각을 기반으로 한다. 그는 개인이 자신의 역할과 목표를 파악하는 것부터 시작한 다음 역할과 목표에 얼마나 잘 부합하는지에 따라 작업과 활동의 우선순위를 정해야 한다고 제안한다.

코비는 다음 단계를 사용하여 우선순위를 설정할 것을 제안한다.

1. 자신의 역할과 목표 확인
여기에는 직장, 가족, 지역사회, 장기 및 단기 목표와 같은 삶의 다양한 영역에서 자신의 역할과 책임을 이해하는 것이 포함된다.

2. 작업 목록 만들기
직장과 개인 생활에서 완료해야 하는 모든 작업과 활동의 목록을 만들어라.

3. 작업 분류
목록에 있는 작업을 중요하고 긴급한, 중요하지만 긴급하지 않은, 중요하지 않지만 긴급한, 중요하지 않고 긴급하지 않은 4개의 사분면으로 분류한다.

4. 작업 우선순위 지정

중요한 작업을 완료하는 데 집중하고 역할 및 목표에 먼저 부합한다. 중요하지만 긴급하지 않은 작업은 나중에 예약할 수 있다. 중요하지 않고 긴급하지 않은 작업은 제거할 수 있다.

5. 마감일 설정 및 캘린더 사용

마감일과 캘린더를 사용하여 일정을 유지하고 가장 중요한 작업을 완료하고 있는지 확인하라.

6. 검토 및 조정

우선순위를 지속적으로 검토하고 역할, 목표 및 상황이 변경되면 필요에 따라 조정한다.

코비의 접근 방식은 단순히 순간의 요구에 반응하는 것이 아니라 우선순위를 설정하는 사전 예방적 접근 방식의 중요성을 강조한다. 자신의 역할과 목표에 부합하는 중요한 작업과 활동에 집중함으로써 개인은 개인 및 직업 생활에서 더 큰 효과와 만족을 얻을 수 있다.

시간관리 매트릭스

성공학 전문가 브라이언 트레이시는 "당신의 목표 달성을 위한 최고의 방법은 당신 자신을 완전히 새로운 사람으로 변화시키는 것"이라고 말했다. 즉, 우리 모두에게는 원하는 모습이 있고 그것을 이루기 위해서는 이전과는 다른 삶을 살아야 한다는 뜻이다. 하지만 현실에서는 매일 반복되는 일상 속에서 살아가는 탓에 어제와 같은 오늘을 살고 내일도 비슷할 것이라는 막연한 불안감만 가지고 살아간다.

그리고 이러한 문제들은 단순히 의지력 부족만으로 치부하기엔 너무 큰 문제다. 그렇다면 어떻게 해야 할까? 바로 스스로 현재 상황을 점검

할 수 있는 도구를 만드는 것이다. 이를 통해 본인의 현 상태를 객관적으로 파악한다면 보다 명확한 방향성을 설정할 수 있을 것이다.

내가 추천하는 자기계발 도구는 아래 세 가지다.

첫째, 마인드맵이다. 머릿속에 떠오르는 생각들을 종이 위에 펼쳐놓고 정리하면 미처 몰랐던 문제점을 발견할 수 있다.

둘째, 감사일기다. 하루 동안 일어났던 일 가운데 감사한 일 세 가지를 적는다.

마지막으로 미래 일기다. 5년 후 나의 모습을 상상하며 구체적으로 적어본다. 이렇게 하다 보면 자연스럽게 동기 부여가 되고 긍정적인 에너지가 샘솟는다. 물론 처음에는 귀찮고 번거롭겠지만 익숙해지면 차츰차츰 달라지는 자신을 발견할 수 있을 것이다.

모든 일에 마감시간을 정하자

회사 업무나 개인적인 프로젝트 또는 공부할 때 중요한 것 중 하나가 바로 데드라인 설정이다. 그러나 의외로 이를 지키지 못하는 사람들이 많다. 예를 들어 "오늘 안에만 하면 되는 거 아니야?"라는 식으로 말이다. 물론 맞는 말일 수도 있다. 하지만 이러한 태도는 스스로 자신의 경쟁력을 낮추는 행위다. 정해진 시간 내에 집중해서 하는 것과 아닌 것은 결과물 자체가 다르다. 따라서 아무리 사소한 일이라도 최대한 빨리 끝내는 습관을 들여야 한다. 그래야만 남들보다 한 발 더 앞서갈 수 있기 때문이다.

매일 마감 시간을 설정하는 것은 주어진 날짜 내에 완료해야 하는 작업이나 프로젝트에 대해 구체적이고 달성 가능한 목표를 설정하는 것과 관련된 시간관리 기법이다. 이 기술은 여러 가지 이유로 효과적일 수 있다.

1. 작업의 우선순위를 정하고 가장 중요한 것에 집중하는 데 도움이 된다. 기한이 있으면 덜 중요하거나 덜 긴급한 작업으로 인해 수렁에 빠지기보다는 가장 중요한 작업을 먼저 수행할 가능성이 더 크다.

2. 그것은 당신이 궤도를 유지하고 미루는 것을 피하는 데 도움이 된다. 마감일이 있을 때 작업을 나중으로 미루는 것보다 즉시 작업을 시작할 가능성이 더 크다.

3. 진행 상황을 측정하고 동기를 유지하는 데 도움이 된다. 기한이 있으면 달성한 일과 남은 일이 얼마나 되는지 확인할 수 있다. 이를 통해 동기 부여를 유지하고 목표에 집중할 수 있다.

4. 번아웃을 방지하는 데 도움이 된다. 마감 시한이 있을 때 쉬지 않고 일하고 소진될 위험을 감수하기보다는 정기적으로 휴식을 취하고 자신의 페이스를 유지할 가능성이 더 크다.

매일 마감일을 정하기 위해 할 일 목록, 캘린더 또는 프로젝트 관리 소프트웨어와 같은 다양한 도구와 기술을 사용할 수 있다. 또한 타이머나 앱을 사용하여 집중하고 순조롭게 진행하는 데 도움이 될 수 있다. 하지만 비현실적인 기한을 정하면 스트레스와 좌절감이 생길 수 있으므로 기한을 정할 때는 현실적이어야 한다.

요컨대 매일 마감일을 설정하는 것은 강력한 시간관리 기술이며, 작업의 우선순위를 정하고, 궤도를 유지하고, 진행 상황을 측정하고, 지연과 소진을 피하는 데 도움이 된다. 불필요한 스트레스를 피하기 위해 기한을 정할 때는 현실적으로 하는 것이 중요하다.

약속의 주도권 잡기

사람들은 보통 누군가와의 만남을 잡을 때 서로 편한 장소나 날짜를 먼저 제시하곤 한다. 그러나 상대보다 내가 더 우위에 있다고 판단되면 굳이 그런 방식을 고집할 필요가 없다. 예를 들어 "이번 저녁에 뭐 하세요?"라고 물었을 때 상대방이 별 계획이 없다고 하면 나는 바로 "그럼 우리 맛있는 거 먹으러 가요."라고 제안하면 된다. 그리고 만약 상대방이 흔쾌히 수락한다면 자연스럽게 대화 흐름도 그쪽으로 흘러가게 될 것이다.

하지만 반대로 상대방이 나한테 똑같이 물어봤을 때 나도 별다른 계획이 없다면 어떻게 해야 할까? 이때는 최대한 빨리 화제 전환을 시도해야 한다. 즉, 다른 질문을 던져서 상황을 반전시켜야 한다는 뜻이다. 물론 갑작스러운 질문이라서 당황스럽겠지만 이럴 때일수록 더욱 침착해져야한다. 중요한 건 말실수를 하지 않는 것이다. 그러니 평소에 미리 연습을 해두는 게 좋다. 그래야 실전에서도 실수 없이 능숙하게 대처할 수 있을 테니까 말이다.

인간관계라는 게 참 어렵다. 나이가 들수록 점점 더 어려워지는 것 같다. 어릴 땐 그저 마음 가는 대로 행동해도 크게 문제될 게 없었다. 친구든 연인이든 함께 있으면 마냥 즐겁고 재미있기만 했으니까. 근데 지금은 다르다. 관계 유지를 위해 신경 써야 할 일이 많아졌다. 연락처 목록을 훑어보며 안부 인사라도 건네야 하나 고민하다가 이내 포기하기도 한다. 괜히 부담스러워 하거나 귀찮아하진 않을까 싶어서다.

또 가끔은 괜한 오지랖 부리지 말고 그냥 이대로 지내는 게 낫겠다는 생각이 들기도 한다. 어차피 각자 인생 살기 바쁜데 일일이 챙겨줄 필요가 있나 싶은 것이다. 그럼에도 불구하고 여전히 미련을 버리지 못하는 이유는 뭘까? 아마도 그건 혼자보다는 둘이 낫다는 믿음 때문일 것이다. 외롭거나 힘들 때 곁에서 위로해주고 힘이 되어주는 존재가 있다는 건 정말이지 축복받은 일이니까. 많은 사람들과 만남이 잦은 사람일수록 약속의 주도권을 잡는 일이 중요하다. 그래야 자신이 제어할 수 있는 시간이 더 확보되기 때문이다.

내 시간을 지키는 거절의 기술

"미안하지만 그건 곤란해요."라는 말 한마디면 충분하다. 누군가 부탁을 하거나 제안을 할 때 우리는 흔히 'YES'라고 말한다. 하지만 모든 일에 예스맨이 될 필요는 없다. 때론 단호하게 'NO'라고 말할 줄도 알아야 한다. 그래야만 당신의 소중한 시간을 지킬 수 있기 때문이다. 누구에게나 똑같이 주어지는 24시간이지만 어떻게 활용하느냐에 따라 결과는 크게 달라진다. 불필요한 요청들은 과감하게 거절하자. 그것만으로도 충분히 가치 있는 삶을 살 수 있을 것이다.

우리 중 많은 사람들은 'NO'라고 말하지 못하는 친구를 가지고 있다.

그들은 요청이나 초대를 거절할 때 죄책감이나 다른 사람들을 실망시킨다고 걱정을 한다. 불행히도 이러한 친구들의 습관은 번아웃, 원망, 개인 영역의 부재로 이어질 수 있다. 친구로서, 당신은 친구가 이런 습관을 깨뜨리고 효과적으로 'NO'라고 말할 수 있도록 도와줄 필요가 있다.

1. 문제를 인식하게 하라. 당신의 친구를 돕기 위한 첫 번째 단계는 그가 'NO'라고 말하지 못하는 것이 행복에 영향을 줄 수 있는 문제라는 것을 인정하게 한다. 자신도 이 문제를 알고 있을 수 있지만, 그는 행동을 바꾸는 방법을 모를 수 있다.

2. 대화를 시작하라. 친구의 이런 습관을 자극하지 않고 친구에게 자연스럽게 상기시켜주라. 그가 'NO'라고 말하지 못하는 것이 어떻게 영향을 줄까. 그리고 내가 어떻게 느끼는지 이야기하자. 친구가 이 문제에 대한 생각을 같이 이야기할 수 있도록 유도하라.

3. 'NO'라고 말하는 것의 장점을 이해시켜라. 이런 사람들은 'NO'라고 말하면 실망할 것이라고 걱정을 한다. 친구에게 'NO'라고 말하는 것이 자신의 영역을 유지할 수 있고 건전하고 필요하다는 것을 이해시키는 것이 중요하다.

4. 친구와 함께 연습하라. 친구에게 사소한 경우부터 'NO'라고 말하는 것을 연습시켜라. 관심이 없는 모임을 거절하는 것이나 사소한 요청을 거절하는 것처럼 간단한 것부터 시작하면 좋다.

5. 친구가 'NO'라고 말할 때 칭찬해줘라. 친구가 'NO'라고 말할 때, 응원하고 격려해줘라. 친구가 스스로를 옹호하는 것이 자랑스럽다는 것을 알게 해줘라. 그리고 계속할 수 있다고 말해줘라.

6. 친구에게 생각을 바꿔도 괜찮다는 것을 알려줘라. 'NO'라고 말하고 생각을 바꾸면 죄책감을 느끼는 친구도 있다. 친구에게 생각을 바꾸는 것이 실패가 아니라는 것을 알려줘라.

요약하면, 'NO'라고 말하지 못하는 친구를 돕는 것은 그들의 자신감과 자존감을 쌓는 데 도움이 된다. 'NO'라고 말하는 것은 강인함의 증거이며, 약함의 증거가 아니라는 것을 알려줘라.

카이로스의 시간, 크로노스의 시간

    우리나라 사람들은 유독 바쁘게 살아간다. 회사 업무 외에도 부업 및 재테크 활동도 병행하며 자신만의 파이프라인을 구축하기 위해 노력한다. 하지만 막상 바쁜 일상 속에서 이러한 일들을 모두 해내기는 쉽지 않다. 그렇다면 어떻게 해야 할까? 먼저 바쁘다는 말을 하지 말아야 한다. 할 일이 많으면 스스로 더 바쁘게 움직이게 된다. 또한 급한 일보다는 중요한 일을 우선순위로 하여 계획을 세워야 한다. 마지막으로 주어진 시간 안에 최대한 집중하여 효율적으로 일처리를 하는 습관을 길러야 한다. 그러면 어느새 당신도 성공한 인생을 살고 있을 것이다.

우리에게는 하루 24시간이라는 동일한 시간이 주어진다. 하지만 사람마다 주어진 시간을 활용하는 방법은 천차만별이다. 누군가는 잠만 자고 일어나도 출근할 시간이 되지만 또 다른 누군가는 같은 시간 동안 더 많은 일을 할 수도 있다. 그렇다면 왜 이러한 차이가 발생하는 것일까? 이것은 카이로스와 크로노스의 시간을 이해하면 잘 알 수 있다

카이로스 시간은 지속적이지 않은 시간을 의미한다. 예를 들어, 어떤 특별한 순간이나 경험을 기억하는 것을 의미한다. 이러한 순간은 비시간적인 성격을 가지며, 언제든지 생각나는 것이 가능하다.

반면, 크로노스 시간은 지속적인 시간을 의미한다. 일정한 속도로 흐르며, 언제든지 측정 가능한 시간이다. 이를 통해 일정한 기간을 계산할 수 있다. 카이로스 시간은 흐름이 없는 것이며, 그때마다 생각나는 것을 의미하는 반면, 크로노스 시간은 흐름이 있는 것이며, 일정한 기간에 관해 측정하는 것을 의미한다.

'카이로스'는 그리스어로 '적당한 시간'이나 '올바른 순간'을 뜻한다. 이러한 순간은 비시간적인 성격을 가지며, 언제든지 생각나는 것이 가능하다. '크로노스'는 그리스어로 '시간'을 뜻한다. 언제든지 측정 가능한 시간이기에 이를 통해 일정한 기간을 계산할 수 있다.

카이로스 시간과 크로노스 시간을 관리하는 것은 서로 다른 목적을 가지며, 각각의 장단점이 따로 있다. 카이로스 시간을 관리하면, 일상생활에서 특별한 순간을 기억하며 중요한 경험을 새롭게 체험할 수 있다. 이러한 경험은 나중에 생각할 때 큰 도움이 될 수 있다. 하지만, 크로노스 시간을 관리하면 일을 계획하고 실행할 수 있어 효율적이다. 목표를 설정하고 기한을 설정하여 그것들을 달성할 수 있으며 일정을 지키면서 작업을 완료할 수 있다.

따라서 일상생활에서는 이 두 가지 시간을 적절히 사용해 현명하게 시간을 관리하는 것이 좋다. 카이로스 시간으로 특별한 순간을 기억하면서, 크로노스 시간으로는 일을 계획하고 실행해가며, 일상생활에서 카이로스 시간과 크로노스 시간을 적절히 사용해 현명하게 시간을 관리할 수 있다. 예를 들어, 일정을 계획할 때는 크로노스 시간을 사용하여 기한을 설정하고 일정을 지켜 작업을 완료힐 수 있도록 하면서, 어떤 특별한 순간이나 경험을 기억할 때는 카이로스 시간을 사용해 그때그때 느낀 일을 기억하고, 나중에 생각할 때 참고할 수 있도록 하는 것이 효과적이다. 그리고 하나씩 작은 목표부터 큰 목표까지 설정해서 크로노스 시간으로 계획을 실천하면서, 카이로스 시간으로는 새로운 경험, 아이디어를 얻는 것을 잊지 말라.

카이로스 시간과 크로노스 시간을 사용해 시간관리를 하는 사례 중 하나는 미래 계획을 세우는 것이다. 예를 들어, 크로노스 시간을 사용하여 5년 후의 미래 계획을 세우고, 이를 이루기 위한 단계별 일정을 설정한다. 그리고 이를 크로노스 시간으로 계획을 실천하면서, 카이로스 시간으로는 다양한 경험과 새로운 아이디어를 얻는 것을 잊지 마라. 이 경험과 아이디어들은 설정한 계획을 실천하는 데 도움이 될 것이다.

또한 회의, 미팅과 같은 공용 시간을 관리할 때도 카이로스 시간과 크로노스 시간을 적절히 사용하면 효과적이다. 회의, 미팅 시간을 크로노스 시간으로 계획하고 일정을 지키면서 진행할 수 있으며, 이때 카이로스 시간을 사용해 회의, 미팅에서 얻는 새로운 아이디어, 관점들을 기억하며 적용할 수 있다. 즉, 카이로스 시간과 크로노스 시간을 적절히 사용하면 일상생활과 일정 관리에서 현명하게 시간을 활용할 수 있다.

퇴근 후 시간관리

직장인들에게 있어 평일 저녁 시간은 황금과도 같다. 가족과의 오붓한 식사 자리일 수도 있고, 동호회 활동을 하거나 친구들과의 술자리를 가질 수도 있다. 하지만 최근 들어 나만의 시간을 갖는 데 관심을 가지는 사람들이 늘고 있다. 이른바 '저녁이 있는 삶'을 추구하는 분위기가 확산되고 있기 때문이다. 52시간 근무제 확산 후 정시 퇴근 문화도 많이 확산되어 퇴근 후에 자기 시간을 가지는 게 많이 보편화되어 있다고도 할 수 있다.

그런 의미에서 유용한 몇 가지 팁을 소개하고자 한다. 먼저 운동이다.

헬스장 등록까지는 아니더라도 집 근처 공원 산책이라도 꾸준히 해보자. 건강관리뿐만 아니라 스트레스 해소에도 도움이 된다. 다음으로는 독서다. 책 읽는 걸 싫어하는 사람들의 경우 재미있는 소설로 시작해도 좋다. 독서가 습관화되면 자기계발서나 재테크 관련 서적을 읽는 것을 추천한다. 이마저도 어려우면 유튜브를 통해서 자기계발 관련 영상을 청취하는 것도 나쁘지 않다. 하지만 독서가 최고의 선택임을 더 강조하지 않아도 잘 알리라 생각한다.

마지막으로 취미 생활이다. 악기 연주나 그림 그리기 등 평소 배우고 싶었던 분야에 도전해보는 건 어떨까? 물론 내가 가장 추천하는 싶은 취미는 나처럼 합창단 활동을 해보라는 것이다. 마음이 맞는 사람들과 하모니를 이루어 노래하는 것은 일반적인 취미 생활에서 얻는 행복의 몇 배를 얻을 수 있다.

## 6장

행복한 인플루언서가
되어 제2의 인생을 살자

은퇴 후 건강한 삶

　최근 들어 은퇴 이후의 삶에 대한 관심이 높아지고 있다. 하지만 정작 준비되어 있는 사람은 많지 않다. 노후 대비는커녕 당장 먹고사는 일조차 막막한 상황이기 때문이다. 그러다 보니 직장 생활을 하면서 미리미리 미래를 준비해야 한다는 목소리가 커지고 있다. 물론 틀린 말은 아니다. 다만 조금 다르게 접근했으면 좋겠다. 지금까지와는 전혀 다른 새로운 인생을 설계한다는 마음으로 말이다.

　최근 들어 의학기술 발달로 인간의 평균 수명이 크게 늘어났다. 불과 30년 전만 해도 환갑잔치를 성대하게 치렀는데 지금은 칠순 잔치조차 하지 않는 추세다. 2021년 기준 우리나라 사람들의 평균 기대수명은 83.6세이다. 이제는 86.6세인 여성에 비해 비교적 짧은 남성의 평균 기대수명도 80.6세로 80세 시대라는 말이 전혀 어색하지 않다. 하지만 늘어난 수명만큼 건강하게 사는 건 또 다른 문제다. 나이가 들수록 각종 질병에 노출될 위험이 높아지기 때문이다. 따라서 평소 꾸준한 운동과 올바른 식습관 등 자기관리가 필요하다. 물론 쉽지 않은 일이다. 나 역시 마찬가지다. 그래서 평소 수영과 걷기 운동을 포기하지 않고 꾸준히 노력하고 있다. 주말에 아내와 차박 캠핑을 가서도 가능한 한 많이 걸으려고 노력하고 있다. 이러한 노력이 쌓이면 좋은 결과가 보상으로 온다고 확신한다.

우선 자신에게 맞는 취미 활동을 찾아보자. 평소 배우고 싶었던 분야라면 금상첨화다. 이왕이면 전문 자격증 취득에도 도전해보자. 나이 들어서도 꾸준히 일할 수 있는 직업을 갖는다면 더할 나위 없이 좋을 것이다. 또 하나 내가 가장 강조하고 추천하는 사항은 나와 같은 시니어 인플루언서에 도전을 해보라는 것이다. 메타버스 공간에서 활동을 하든지 유튜브를 하든지 그 외에 다른 커뮤니티 활동을 하든지 자신한테 가장 잘 맞는 플랫폼을 찾아서 인플루언서로 활동을 해보라. 이런 활동으로 나처럼 많은 젊은 친구들도 생기고 새로운 경험들도 많이 생겨 훨씬 젊은 마인드를 가지고 살아갈 수가 있다. 부수적으로 수익도 생기니 금상첨화가 아닌가.

작은 행복을 모아서 큰 행복을 만들자

우리 사회에서는 타인과의 관계 유지 및 발전을 위한 노력을 끊임없이 요구받는다. 그리고 이러한 과정 속에서 '나'라는 존재는 자연스럽게 잊히고 만다. 하지만 역설적이게도 현대 사회에서의 행복이란 바로 자기 자신에게서 찾을 수 있다고 한다. 그렇다면 진정한 행복을 찾기 위해서는 어떻게 해야 할까? 여기서 중요한 것은 현재 내가 느끼는 감정 자체에만 집중해야 한다는 것이다. 만약 누군가와의 관계 형성 또는 유지를 통해 얻는 행복감만을 추구한다면 결코 만족스러운 삶을 살 수 없을 것이다. 따라서 이를 깨닫고 스스로 행복해지는 방법을 찾는 것이 무엇보다 중요하다.

아래는 중년 직장인의 생활을 가상해서 쓴 글이다.

오늘따라 유난히 기분이 좋다. 날씨도 좋고 컨디션도 최상이다. 아침 일찍 일어나 체육관에서 수영을 하고 샤워를 했더니 개운하다. 집으로 와서 식사 후 출근 준비를 마치고 서둘러 나가려는데 갑자기 뒤에서 아내가 내 이름을 불렀다. 돌아보니 팔을 활짝 펴고 서 있다. 미안한 마음에 달려가 포옹을 하며 잘 다녀오겠다는 인사를 나눴다. 한동안 바쁘다는 핑계로 제대로 대화도 못 했으니 미안함은 당연한 일인지도 모르겠다. 어쨌든 허그로 인사하고 나오니 마음이 훨씬 편하다. 출근길 버스 정류장까지는 걸어서 약 15분 정도 걸린다. 가는 길에 편의점에 들러 커피 한 잔을 샀다. 따뜻한 커피를 들고 있으니 온몸이 사르르 녹는 느낌이다. 회사 근처 카페에 들러 동료들과 함께 마실 음료수도 몇 개 샀다. 사무실에 도착하자마자 팀원들에게 나눠주니 다들 좋아한다. 덕분에 나도 덩달아 기분이 좋아졌다. 점심 식사 후엔 산책을 나갔다. 공원 벤치에 앉아 잠시 여유를 만끽하는데 때마침 친한 동창에게서 오랜만에 연락이 왔다. 이야기를 주고받다가 저녁 약속을 잡았다. 퇴근 후 만날 생각을 하니 마음이 설렌다.

어느덧 시계 바늘이 6시를 가리키고 슬슬 자리에서 일어났다. 그리고 곧장 지하철역으로 향했다. 운 좋게 내가 도착하자마자 열차도 도착했고 운 좋게 앉아갈 수도 있었다. 목적지에 도착하자 출구 쪽으로 발걸음을 옮겼다. 저 멀리 익숙한 실루엣이 눈에 들어왔다. 아니나 다를까 그 친구였다. 반갑게 인사를 나누고 단골 횟집으로 향했다. 메뉴는 숙성회였는데 코스로 같이 나오는 구이와 매운탕이 입맛에 딱 맞았다. 소맥을 시작으로 소주잔을 기울이다 보니 취기가 제법 느껴졌다. 이대로 헤어지긴 아쉬워 근처 스크린 골프장으로 자리를 옮겼다. 시원한 아이스 아메리카노 커피를 마시며 간단히 9홀만 치면서 밀린 수다를 떨었다. 한참 웃고 떠들다 보니 어느새 밤 11시가 훌쩍 넘었다. 아쉽지만 다음을 기약하며 각자 집으로 돌아섰다. 돌이켜보니 오늘 하루 참 알차게 보낸 것 같다. 소소하지만 확실한 행복이랄까.

나는 사업을 하고 있어 일반 직장인의 삶과는 생활 패턴이 많이 다르기에 비록 짧은 픽션이란 형식을 빌려 써본 내용이지만 이런 친구의 삶이 참 정겹지 않은가. 사소한 것에서도 행복이 모여 큰 행복이 된다. 작은 행복부터 누리며 살기를 바란다.

인생의 주인공이 되자

우리는 모두 각자만의 스토리를 가지고 살아간다. 누구도 대신 살아줄 수 없는 나 자신만이 가진 이야기 말이다. 하지만 가끔 그런 중요한 사실을 망각할 때가 있다. 내 삶의 주인공은 바로 나라는 사실을 말이다. 남들은 뭐라고 할지 몰라도 나는 스스로 꽤 괜찮은 사람이라는 자부심을 갖고 살아가는 게 좋다. 그러기 위해서는 먼저 자기 자신을 사랑해야 한다. 그래야만 다른 사람에게도 너그러운 마음을 가질 수 있고 무엇보다 행복해질 수 있기 때문이다. 물론 쉽지 않은 일이지만 그럼에도 불구하고 노력한다면 충분히 가능하다. 그러니 앞으로는 더욱더 당신의 인생 무대 위에서 당당히 주인공으로서 살아가길 바란다.

2017년 초로 기억한다. 우연히 TV 프로그램 하나를 보게 되었다. 제목은 〈말하는 대로〉였는데 버스킹 형식으로 진행되었다. 출연진은 가수 이상민, 방송인 하하, 『지대넓얕』이라는 시리즈 책의 작가 채사장이었는데 주제는 각각 달랐다. 첫 번째 순서였던 이상민은 파산 후 재기까지의 과정을 진솔하게 털어놓으며 감동을 선사했다. 이어 하하는 힘들었던 어린 시절을 회상하며 눈물을 흘렸고 마지막으로 채사장은 인문학 강연을 통해 깊은 울림을 주었다.

그날 밤 잠자리에 들기 전 불현듯 이런 생각이 들었다. 만약 저 자리에 내가 있었다면 무슨 얘길 했을까? 아마도 비슷한 고민을 했을 것 같았다. 어쩌면 나도 저들처럼 누군가에게 힘이 되고 위로가 되는 메시지를 전하고 싶었는지 모른다.

그때 한 가지를 결심했다. 언젠가 기회가 된다면 세상 사람들을 향해 진심을 담은 목소리로 희망의 메시지를 전달하겠다고 말이다. 그 이후 세월이 흘러서 나는 메타버스와 유튜브에서 인플루언서로 활동을 하면서 많은 사람들과 소통하면서 가능한 한 긍정적인 메시지를 전달하려고 노력하고 있다. 드디어 6년 만에 내 꿈이 이루어진 것이다. 여러분도 나처럼 인생의 주인공으로 살아보기를 권한다.

부부싸움 후 신속히 화해하기

우리 부부는 결혼 후 30여 년을 살면서 사소한 다툼은 있었으나 심하게 싸워서 갈등이 며칠 동안 간 적이 거의 없다. 부부싸움 후 신속히 화해할 수 있는 방법을 찾고 긍정적인 방향으로 나아가는 것이 매우 중요하다. 다음은 부부싸움 후 화해하는 데 도움이 되는 나만의 노하우 몇 가지를 적어본다.

1. 부부가 살다 보면 욱하는 성격이나 사소한 말실수로 상대방에게 상처를 줄 수 있다. 이때 그러나 빠른 시간 안에 사과하는 것이 좋다. 길더라도 하룻밤을 넘기지 않고 사과하자. 설령 자신의 잘못이 인정되지 않

더라도 무조건 먼저 사과하는 것이 좋다. 단, 사과가 상대방에게 진정성 있게 받아들여져야 한다.

2. 배우자의 관점에 귀를 기울이고 상대방의 감정을 인정하라. 다툼이 있을 때는 자신의 정당성만을 주장하는 경우가 많다. 하지만 상대방의 말에 조용히 귀를 기울이고 화를 내는 이유를 이해하도록 노력하는 게 중요하다.

3. 비난하는 대신 해결책을 찾는 데 집중하라. 부부싸움에서 언성이 높아지면 상대방을 비난하고 심할 경우 욕이 나올 수도 있다. 하지만 이러면 매우 위태로운 상황이 된다. 아무리 감정적으로 격하더라도 상대방을 비난하지 말고 조용한 어투로 문제의 해결책을 찾는 데 집중하라. 당장 해결책이 나오지 않으면 한 발자국 뒤로 물러서는 것도 지혜이다.

4. 논쟁을 촉발한 원인을 파악하고 근본 원인을 해결하라. 모든 다툼에는 원인이 있다. 부부싸움은 대부분 사소한 원인에서 출발하는 경우가 많다. 이럴 때 조용히 이성적으로 판단하여 싸움의 원인이 된 상황이 인지되면 누구든지 먼저 사과하는 것이 좋다. 상대방이 이해를 못 하면 일단 원인 찾는 것을 잠시 보류하는 것도 좋다. 시간이 흐르면 자동적으로 해결되는 경우도 많다.

5. 화해의 표시로 애정과 신체적 접촉을 보여주라. 부부싸움 후 완전히 갈등이 해소되기 전이라도 화해의 표시로 사과하며 안아준다든지, 가볍게 차나 술을 한잔 나눈 뒤 일찍 잠자리에 드는 것도 좋은 방법이다.

이러한 전략을 사용함으로써, 커플들은 부부싸움 후에 화해할 수 있는 방법을 찾을 수 있고 서로의 관계를 회복할 수 있다. 개인적으로 싸움 후 거의 일주일간 집에서 식사도 제대로 못 하고 출근하는 직장 동료들을 볼 때 정말 답답하다는 생각이 든다. 이혼하는 정도도 아니라면 언젠가는 화해를 할 건데 괜한 자존심 때문에 불편한 마음으로 긴 시간을 지낸다는 게 나로서는 이해가 되지 않기 때문이다. 부부간에 무슨 자존심이 필요한가? 특히 시니어 세대들은 자식들보다 우선해 자신을 지켜줄 유일한 존재가 배우자라는 것을 인식하고 더욱 소중하게 사랑해야 한다.

SNS 세상 삶의 의미 찾기

현대 사회에서는 개인주의 성향이 강해지고 타인과의 관계 형성보다는 자신만의 행복 추구권을 중요시 여기게 되었다. 그러다 보니 우리는 점점 더 각박한 세상 속에서 살아가게 되었고 인간관계에서도 어려움을 겪게 되었다. 이러한 문제들은 비단 개개인의 문제뿐만 아니라 사회 전체적인 문제로도 대두되고 있다. 그렇다면 사람들은 왜 서로 간의 소통 부재 현상을 겪고 있으며 그로 인해 생기는 문제점들은 무엇일까? 그리고 이를 해결할 수 있는 방법은 없는 것일까?

오늘날 우리는 SNS나 메신저 어플 등을 통해 수시로 연락을 주고받는다. 물론 지금도 직접 만나서 대화하는 것만큼 좋은 건 없겠지만 시대가 변했으니 어쩔 수 없다. 아무튼 이렇게 스마트폰 사용이 보편화되면서 편리해진 측면도 있지만 부작용도 만만치 않다. 우선 얼굴을 마주보며 이야기하는 시간이 줄어들면서 의사소통 능력이 저하되었다. 상대방의 표정이나 몸짓 언어를 읽지 못하니 오해가 생기기 쉽고 이로 인해 갈등이 발생하기도 한다. 뿐만 아니라 사이버 공간에서의 익명성을 악용하여 악플을 달거나 허위 사실을 유포하는 사례도 빈번히 일어나고 있다. 심지어 범죄에까지 이용된다고 하니 심각한 수준이다.

이제는 남녀노소 불문하고 SNS 계정 하나쯤은 가지고 있다고 해도 과언이 아닐 정도다. 심지어 어린아이들조차 유튜브 크리에이터를 꿈꾸며 개인 방송을 진행한다고 하지 않는가? 이렇게 다양한 채널을 통해 실시간으로 서로의 소식을 주고받으며 친분을 쌓기도 하고 때로는 갈등을 빚기도 한다. 물론 긍정적인 측면이 많지만 아래와 같은 부정적인 면도 적지 않다.

1. SNS는 중독성이 매우 강할 수 있으며, 사람들이 일, 운동 또는 사랑하는 사람들과 시간을 보내는 것과 같은 더 생산적인 활동에 참여하는 대신 그들의 피드를 스크롤하는 데 몇 시간을 보내게 한다.

2. SNS 플랫폼은 피해자들에게 심각한 정신적 피해를 줄 수 있는 사이버 폭력의 온상이 되기도 한다. 가해자들은 익명의 프로파일 뒤에 숨어 증오와 부정성을 쉽게 퍼뜨릴 수 있다.

3. 비록 SNS가 사람들을 하나로 모으기 위해 고안되었지만, 그것은 반대의 효과가 있을 수 있다. 사람들은 온라인 만남으로 직접적인 소통할 수 있는 오프라인 만남을 대체하기 때문에 더 고립되고 외로움을 느낄 수 있다.

4. SNS는 잘못된 정보와 가짜 뉴스의 온상이 되기도 한다. 잘못된 정보는 빠르게 퍼지고 현실 세계에 결과를 가져올 수 있기 때문에 매우 위험할 때도 있다.

5. SNS는 생산성을 떨어뜨리고 중요한 일에 집중하는 사람들의 능력을 방해하는 주요 방해물이 될 수 있다.

6. SNS는 사람들이 끊임없이 자신을 다른 사람들과 비교하고 그들이 측정하지 않으면 부적절하다고 느끼는 비교 문화를 만들 수 있다.

7. SNS는 좋아요와 공유에서 정보에 대한 즉각적인 접근에 이르기까

지 즉각적인 만족을 기대하도록 우리를 강요하기도 한다.

스마트폰이나 카카오톡 앱과 같이 유용한 도구도 사용하는 사람들이 어떻게 이용하는가에 따라 효용가치가 달라진다. 편리한 도구가 우리의 행복을 저하시키는 원인이 된다면 일정 기간이라도 과감하게 도구 사용을 잠시 중지하는 것도 추천해본다. 그것을 잠시 멀찍이 두고 생활해본다면 오히려 그에 대한 중요함을 인식하고 좀 더 소중하게 관리하며 긍정적으로 사용할 수 있는 계기를 마련하게 될 수 있을 것이다.

당신은 지금 무엇을 위해 살고 있나요?

현대 사회에서는 모든 사람들이 바쁘다. 물론 바쁜 와중에도 행복함을 느끼는 사람도 있겠지만 대다수의 사람들은 그렇지 못하다. 하지만 우리는 계속해서 앞으로만 나아가려고 한다. 조금이라도 뒤처지면 큰일 나는 것처럼 말이다. 그러다 보니 정작 중요한 것들을 놓치며 살아가게 된다. 나 자신 또는 내 가족과의 시간 보내기, 충분한 휴식 취하기 등등. 그리고 이러한 상황 속에서 현재 시니어 세대에서 번아웃 증후군 증상이 나타나고 있다고 한다.

그렇다면 왜 번아웃 증후군 현상이 나타나는 것일까? 그것은 바로 본인만의 확고한 목표나 방향성이 없기 때문이다. 그렇기 때문에 의욕 없이 하루하루를 보내게 되고 그로 인해 무기력증 및 우울감 또한 느끼게 되는 것이다. 그러면 어떻게 해야 할까? 우선 자기 자신 스스로 원하는 삶의 모습 혹은 인생 계획표를 만들어보는 것이 좋다. 단순히 남들이 정해준 길대로 따라가는 것이 아니라 진짜 '내'가 원하는 대로 살아갈 수 있도록 말이다.

세상엔 정말 다양한 사람들이 존재한다. 성격도 다르고 취향도 다르다. 그리고 각자 다른 인생을 살아간다. 하지만 우리는 모두 같은 정답을 찾으려 노력한다. 남들보다 앞서 나가기 위해서 더 나은 삶을 살기 위해서 말이다. 그러나 그런 삶은 오래가지 못한다. 자신도 모르게 지쳐간다. 굳이 누군가를 이기려고 하지 않아도 행복해질 수 있다는 걸 깨달아야 한다. 그러면 그때부터 조금씩 달라지기 시작한다. 가끔은 실패하기도 하고 좌절하기도 하지만 그래도 괜찮다. 이젠 조금 다르게 살아보자.

예전에 봤던 책 내용이 떠오른다. 『아프니까 청춘이다』라는 제목의 책이었는데 저자 김난도 교수님께서 하신 말씀이다. 기억나는 대로 적어보자면 대충 이렇다. "인생이라는 긴 여정에서는 1등만이 살아남는 게 아니다. 2등도 3등도 꼴찌도 나름대로 의미가 있다. 그저 묵묵히 걷다 보면 언젠가는 결승점에 도달한다는 사실을 잊지 마라." 그렇다. 어쩌면 우린 지나치게 일등에만 집착했는지 모른다. 아니 정확히 말하면 주변 시선을 의식하느라 정작 소중한 걸 놓치고 있었는지도 모른다. 이제부터라도 좀 더 여유롭게 살아가라. 어차피 100미터 달리기가 아닌 마라톤이니까.

나는 누구인가? Who am I

인생이란 무엇일까? 어떻게 살아야 후회 없는 삶을 살 수 있을까? 이러한 질문들은 인류 역사 이래 끊임없이 제기되어온 문제다. 하지만 아직도 명쾌한 해답은 없다. 그럼에도 불구하고 우리는 계속해서 앞으로 나아가야 한다. 왜냐하면 인간은 어차피 유한한 존재이고 언젠가는 죽을 수밖에 없기 때문이다.

그렇다면 죽음 이후 남는 것은 무엇일까? 그것은 바로 나 자신일 것이다. 내가 누구인지 아는 것이야말로 진정한 행복이며 성공적인 삶이기 때문이다. 따라서 나는 당신이 '나'라는 존재에 대해 좀 더 깊이 있게 탐구하기를 바란다. 그러기 위해서는 먼저 스스로 자기 자신과의 대화를 시도해야 한다. 그리고 내면의 목소리에 귀 기울여보자. 그러면 분명히 알게 될 것이다. 그동안 얼마나 무지했는지 말이다.

지금으로부터 약 2년 전쯤 유튜브 영상 하나를 보게 되었는데 내용이 무척 흥미로웠다. 제목은 '나는 누구인가?'였는데 강연자는 하버드 대학 교수이자 심리학자였던 윌리엄 제임스였다. 그는 1890년 미국 뉴욕에서 태어나 평생을 독신으로 살았다. 어린 시절부터 공부보다는 운동에 소질이 있었고 음악 듣기를 좋아했다고 한다. 그러다가 19세 무렵 갑자기 깨달음을 얻고 본격적으로 학문에 매진하여 박사 학위를 취득했다. 뿐만 아니라 철학, 종교, 과학, 문학 등 다양한 분야에서 업적을 쌓으며 세계적인 석학으로 인정받았다. 이렇게 대단한 분이 대체 무슨 이야기를 하고 싶었던 걸까? 호기심이 발동한 나는 곧장 그 영상을 시청했다. 그러자 놀랍게도 예상치 못한 반전이 펼쳐졌다. 보통 저명한 학자라면 근엄하고 진지한 이미지를 떠올리기 마련인데 의외로 유머러스하고 유쾌한 성격이라는 느낌을 받았기 때문이다. 물론 중간중간 농담도 섞어가며 분위기를 부드럽게 풀어주려는 의도였겠지만 어쨌든 신선한 충격이었다.

아무튼 덕분에 청취 시간 내내 지루할 틈이 없었다. 핵심 메시지는 다음과 같았다. "인간은 모두 무한한 잠재력을 갖고 태어난다. 다만 그걸 깨닫지 못하고 살아갈 뿐이다." 그러면서 몇 가지 사례를 들려주었는데 하나같이 공감 가는 내용이었다. 가령 천재 화가 피카소 역시 어릴 적엔 평범한 아이였다는 것이다. 심지어 학교 성적도 좋지 않았고 친구들 사이에서 따돌림 당하기 일쑤였다고 한다. 그랬던 그가 훗날 위대한 예술가로 성장할 수 있었던 비결은 뭘까? 그건 바로 끊임없는 자아 성찰과 반성 끝에 얻은 깨달음 덕분이었다. 만약 그러지 않았다면 오늘날까지도 그저 그런 화가로 남았을지도 모른다.

또 다른 사례로는 발명왕 에디슨을 꼽았다. 그는 무려 1,093개의 특허를 보유했으며 전구, 축음기, 영사기 등 세상을 바꾼 혁신적인 물건들을 개발했다. 이로 인해 현재도 글로벌 회사로 명성의 유지하고 있는 GE의 전신인 '에디슨 조명회사'의 설립으로 엄청난 부를 축적했으니 가히 세기의 천재라 불릴 만하다. 이쯤 되면 궁금해질 법도 하다. 도대체 어떻게 했기에 그토록 훌륭한 성과를 낼 수 있었을까? 답은 간단했다. 남들과는 다르게 생각했고 행동했을 뿐이다.

그렇다. 창의성의 본질은 특별함이 아니라 평범함에 있다. 단지 조금 다를 뿐이다. 그러므로 이제부터라도 타인의 시선 따위는 신경 쓰지 말고 오로지 나에게만 집중하자. 그래야 진짜 나로 거듭날 수 있으니까 말이다.

## 7장

인공지능 AI
기술과 친해지자

ChatGPT에 대하여

이 책을 쓰고 있는 동안 지인에게서 OpenAI 회사에서 서비스하는 ChatGPT에 대해 처음 이야기를 들었다. 사이트에 들어가 기능을 테스트 해본 결과 기대 이상의 결과 도출에 입이 다물어지지 않았다. 인공지능의 무한한 가능성에 대해 어느 정도 예견은 했지만 이 정도 수준으로 결과가 나올 줄은 상상도 못 했기 때문이다. ChatGPT를 처음 만난 날 한잠도 자지 못하고 밤새워 채팅을 하였다. ChatGPT를 경험한 다음 날 나는 1990년대 인터넷과 2007년 스마트폰이 우리에게 처음 다가온 그때가 문득 생각났다. 인터넷과 스마트폰은 우리 생활 패턴을 혁명처럼 완전히 바꾸었다. 그렇듯이 ChatGPT도 거대한 폭풍이 전국을 덮치듯이 우리 삶에 엄청난 변화를 가져다줄 것으로 예상되었기 때문이다. 따라서 이 책의 독자들도 조금이라도 빨리 ChatGPT를 포함한 인공지능의 세계에 익숙해져야 한다는 생각에 급히 이 내용을 추가하게 되었다. 이 글을 쓰고 있는 동안에도 수많은 유튜버들이 앞다투어 ChatGPT에 대해서 영상을 올리고 있고 셀 수 없을 정도로 많은 관련 기사들이 연일 포털 뉴스면을 장식하고 있다. 지금 계속 업데이트 되는 뉴스와 관련 기술들은 일주일만 지나도 과거 한 달 혹은 1년 전 과거로 돌아간 듯한 느낌을 주고 있다.

ChatGPT는 2022년 11월 30일에 GPT3.5 기술을 기반으로 서비스를 시작했으며 3개월이 채 되지 않은 현재는 약 1억5천만 명이 사용할 징도로 전파력이 무섭게 확산되고 있다. 엔비디아의 GPU 모델 V100이 1초에 약 12조 번의 숫자 연산을 하는데 ChatGPT가 사용하는 A100 텐서코어 GPU는 V100 대비 연산 능력이 20배 정도 뛰어나다고 한다. ChatGPT를 한국말로 최대한 쉽게 설명하면 '5조 개 이상의 문서에서 사전 학습한 파운데이션 모델에 의해 3천억 개의 단어를 사용하여 다음 단어가 무엇일지 확률로 예측하여 생성한 결과를 대화 형식으로 알려주는 인공지능 채팅 로봇'이다. 쉬운 설명이라고 표현했지만 여전히 어려운 말로 설명할 수밖에 없음을 이해해주길 바란다. 하지만 상세한 기술적 지식보다는 이 챗봇으로 무엇을 할 수 있는가에 집중하면 접근이 쉬워진다.

ChatGPT 홈 화면, 출처 : chat.openai.com

독자분들에게 내가 느꼈던 느낌을 그대로 전달하기 위해 아래 글은 전부 ChatGPT와 대화를 통해 얻어진 결과로 꾸며보았다. 내용을 모두 다 상세히 읽을 필요는 없다. 아니 어느 부분은 읽을 수도 없을 것이다. 다만 이 챗봇을 사용하면 이러한 다양한 부분에서 매우 전문적인 답을 구할 수 있다는 것에 초점을 맞추고 읽어나가면 좋겠다.

질문 1. ChatGPT가 무엇이며 개발 역사에 대해 설명을 하라

답변 1. GPT("Generative Pre-training Transformer"의 약어)는 OpenAI에서 개발한 일종의 언어 모델입니다. 일련의 단어에서 다음 단어를 예측하여 사람과 유사한 텍스트를 생성하도록 훈련된 기계 학습 모델입니다. ChatGPT는 채팅 응용 프로그램에서 사용하도록 특별히 설계

된 GPT의 변형입니다. 대화형 스타일로 사용자 입력에 대한 응답을 생성할 수 있으므로 챗봇 및 기타 대화형 AI 시스템을 구축하는 데 유용합니다.

GPT는 친숙한 인공 지능 개발 및 홍보에 중점을 둔 연구 기관인 OpenAI에서 개발했습니다. GPT(GPT-1)의 첫 번째 버전은 2018년에 출시되었으며 2019년에는 GPT-2, 2020년에는 GPT-3을 포함하여 일련의 개선된 모델이 출시되었습니다. ChatGPT는 다음에서 사용하도록 특별히 설계된 GPT의 변형입니다. 채팅 응용 프로그램이며 원래 GPT 모델 이후에 출시되었습니다. 대화식 스타일로 사용자 입력에 대한 응답을 생성하는 기능을 추가하여 원래 GPT 모델의 기능을 기반으로 합니다.

질문 2. ChatGPT를 잘 사용하는 방법에 대해 알려줘
답변 2. 다음은 ChatGPT 사용에 대한 몇 가지 팁입니다.
대화를 시작하려면 "Hi ChatGPT" 또는 다른 인사말을 입력하여 ChatGPT에 메시지를 표시할 수 있습니다.

1. ChatGPT에 질문을 할 때 질문하는 내용을 이해할 수 있도록 구체적이고 충분한 맥락을 제공하도록 노력하세요.
2. "그 외에 무엇을 말씀해주실 수 있나요?"와 같이 입력하여

ChatGPT가 대화를 계속하도록 할 수도 있습니다. 또는 "자세히 알려주세요."

3. ChatGPT가 특정 주제나 스타일을 기반으로 텍스트를 생성하도록 하려면 문장이나 구문의 형태로 프롬프트를 제공할 수 있습니다. 예를 들어 "기후 변화의 영향에 대한 뉴스 기사 스타일의 텍스트 생성"을 입력할 수 있습니다.

4. 추가 컨텍스트 또는 제약 조건을 제공하여 ChatGPT의 응답을 미세 조정할 수도 있습니다. 예를 들어 "로마 제국의 역사에 대한 정보를 찾고 있습니다. 도와드릴까요?"라고 입력할 수 있습니다.

이 팁이 도움이 되었기를 바랍니다. 다른 질문이 있으면 알려주세요.

질문 3. ChatGPT가 알려준 정보의 저작권 문제에 대해 알려줘

답변 3. ChatGPT는 훈련된 데이터를 기반으로 텍스트를 생성하는 기계 학습 모델이므로 생성된 정보에는 고유한 저작권 문제가 없습니다. 그러나 ChatGPT를 사용하여 제3자 출처의 정보가 포함된 텍스트를 생성하는 경우 해당 정보를 사용하기 위한 권한을 얻거나 해당 저작권법을 준수하고 있는지 확인해야 할 수 있습니다.

일반적으로 다른 사람의 지적 재산권을 존중하고 채팅 응용 프로그램

또는 기타 프로젝트에서 타사 콘텐츠를 사용하는 데 필요한 권한이 있는지 확인하는 것이 중요합니다. 여기에는 저작권 소유자로부터 허가를 얻거나 Creative Commons 라이선스와 같은 조건에 따라 재사용이 허가된 콘텐츠를 사용하는 것이 포함될 수 있습니다.

추가로 조사한 결과에 따르면 ChatGPT를 활용하여 할 수 있는 유용한 기능들 몇 가지와 실제 검색한 사례는 아래와 같다.

1. 다양한 주제에 대한 대화
2. 복잡한 문제 풀이
3. 블로그 글쓰기
4. 음식 조리법
5. 긴 글 내용 요약
6. 프로그램 코딩
7. 코딩 리뷰
8. 코딩의 개선 사항 진단

위 사례를 기반으로 구체적으로 총 8가지 질문을 던져 답을 구해봤다. 역시 그 결과는 상상 이상이었다. 조금 과장을 해서 표현하자면 갑자기 똑똑한 비서 100명이 옆에 있는 듯한 느낌이 들었다 해도 과언이 아니다. 아래에서 직접 그 결과를 확인해보자.

사례 1. 화성에서 생물이 살아갈 수 있다는 것에 대해서 알려줘

답변 1. 우리가 아는 한 현재 화성에는 생명체가 없습니다. 그러나 과학자들은 화성이 한때 생명체에 적합한 조건을 가졌을 수 있다고 믿으며 행성의 역사와 생명체의 잠재력에 대해 더 많이 이해하기 위해 지속적인 연구와 탐사가 진행되고 있습니다.

수년 동안 NASA와 전 세계의 다른 우주 기관에서 행성의 표면, 대기 및 생명 유지 가능성을 연구하기 위해 화성에 대한 몇 가지 임무가 있었습니다. 최근 몇 년 동안 단기적으로는 연구 임무를 위해 또는 장기적으로는 영구 정착지로 인간을 보내 화성에서 거주하고 일할 수 있는 가능성에 많은 관심이 있었습니다.

인간이 결국 화성에 식민지를 건설한다면 지구에서의 삶과는 매우 다른 경험이 될 것입니다. 지구는 훨씬 더 얇은 대기를 가지고 있고 우리가 여기 지구에서 당연하게 여기는 자원이 부족하기 때문에 인구를 유지하려면 완전히 자족적인 생태계가 필요합니다. 행성 표면의 가혹한 조건은 또한 적어도 우리가 지구를 인간에게 더 호의적으로 만들기 위해 지구를 테라포밍할 수 있을 때까지 사람들이 특수한 서식지에서 살고 일할 것을 요구할 것입니다.

사례 2. 어려운 수학 문제를 한 가지 내주고 정답과 문제 풀이도 해줘

답변 2. 다음은 문제입니다.

x = 0에서 x = 2까지 함수 f(x) = x^3 + x^2의 적분을 계산합니다.

답은 8입니다.

이 문제를 해결하는 방법은 다음과 같습니다.

먼저 f(x)의 부정적분을 다음과 같이 쓸 수 있습니다.

F(x) = ∫ f(x)dx = ∫ (x^3 + x^2)dx

그런 다음 적분에 대한 거듭제곱 규칙을 사용하여 부정적분을 찾을 수 있습니다.

F(x) = x^4/4 + x^3/3 + C

여기서 C는 통합 상수입니다.

정적분을 찾으려면 적분의 상한과 하한에서 부정적분을 계산하고 상한의 결과에서 하한의 결과를 빼야 합니다. 상한과 하한을 연결하면 다음을 얻습니다.

∫ f(x)dx = F(2) − F(0) = (2^4/4 + 2^3/3) − (0^4/4 + 0^3/3) = 8 − 0 = 8

그래서 답은 8입니다.

사례 3. 제주도 여행에 대한 블로그 글을 써줘

답변 3. 제주도라고도 알려진 제주도는 한국 해안에 위치한 아름답고

독특한 곳입니다. 우리나라에서 가장 큰 섬으로 백사장, 험준한 절벽, 아름다운 숲 등 다양한 풍경을 품고 있는 곳이다.

제주도의 가장 두드러진 특징 중 하나는 온화한 아열대 기후로 연중 야외 활동이 가능하다는 것입니다. 섬의 아름다운 해변과 등산로, 수상 스포츠를 즐기러 오는 관광객들에게 인기 있는 곳이다.

제주도는 자연의 아름다움 외에도 풍부한 문화유산의 본고장이기도 합니다. 어업과 농업의 오랜 역사를 가지고 있으며 사람들은 고유한 언어와 전통을 발전시켜 왔습니다. 이 섬은 또한 제주 화산섬과 용암동굴, 성산일출봉 응회암을 비롯한 여러 유네스코 세계문화유산이 있는 곳이기도 합니다.

제주도에서의 삶은 공동체와 가족에 중점을 둔 여유롭고 여유로운 삶입니다. 섬은 강한 정체성과 자부심으로 유명하며 주민들은 환대와 따뜻한 태도로 유명합니다.

전반적으로 제주도에서의 삶은 독특하고 즐거운 경험입니다. 아름다운 자연 환경과 풍부한 문화유산은 살거나 방문하기에 특별한 곳입니다.

사례 4. 맛있는 해물 파스타를 요리할 수 있는 레시피를 알려줘

답변 4. 맛있는 해물 파스타를 만드는 레시피를 소개해드리겠습니다!

[재료]

스파게티 면 200g

새우 10마리

문어 1/2 마리

홍합 10개

양파 1/2개

마늘 2쪽

올리브오일 3큰술

토마토 소스 1컵

건포도 약간

소금 약간

후추 약간

파슬리 약간

[만드는 법]

스파게티 면은 끓는 물에 소금을 약간 넣고 8분간 삶아주세요.

새우와 문어는 껍데기를 벗기고 깨끗이 씻은 후 먹기 좋은 크기로 자른다.

홍합은 소금물에 살짝 데치고 껍데기를 벗긴 후, 깨끗하게 씻어주세요.

양파와 마늘은 잘게 다져주세요.

팬에 올리브오일을 두르고 양파와 마늘을 넣어 볶다가 새우와 문어를 넣어 볶아주세요.

홍합을 넣고 뚜껑을 덮고 끓인 후, 홍합이 다 열리면 토마토 소스를 넣어주세요.

토마토 소스가 끓으면 삶은 스파게티 면을 넣어줍니다.

건포도를 넣어 조금 더 볶아주세요.

소금과 후추로 간을 맞춘 후, 파슬리를 넣고 잘 섞어주면 완성입니다.

맛있는 해물 파스타가 완성되었습니다! 파스타의 맛과 해물의 신선함이 어우러져 환상적인 맛을 느끼실 수 있습니다. 쉽게 만들 수 있는 레시피이니 집에서도 도전해보시길 바랍니다.

사례 5. 아래의 글을 요약해줘

국문본. 『흥보전(興甫傳)』 또는 『놀부전』이라고도 한다. 『춘향전(春香傳)』이나 『심청전(沈淸傳)』과 같이 판소리 계열에 속하는 소설로서, 내용과 주제에서 그 근원설화는 '방이설화'가 아닐까 하는 주장이 있다. 해학과 풍자로 이루어진 『흥부전』의 줄거리는 다음과 같다.

충청·전라·경상도 접경에 살던 연생원은 놀부와 흥부 두 형제를 두고 죽었는데, 형인 놀부는 부모의 유산을 독차지하고 동생인 흥부를 내쫓는다. 흥부는 아내와 여러 자식을 거느리고 움집에서 헐벗고 굶주린 채 갖은 고생을 하면서 묵묵히 살아간다. 그리고 온갖 궂은일을 도맡아하여도 흥부의 살림은 여전히 가난하기만 하였다. 그런 어느 날 흥부는 땅에 떨어져 다리가 부러진 새끼제비를 주워다가 정성껏 돌본 끝에 날려 보낸다. 이듬해에 그 제비는 흥부에게 보은(報恩)하고자 박씨 한 개를 물어다가 주었는데, 가을이 되자 잘 여문 박을 거두어 켜게 되었다. 그런데 뜻밖에도 박 속에서는 온갖 눈부신 보물들이 끝없이 쏟아져나와 흥부는 하루아침에 벼락부자가 되었다.

그것을 안 놀부가 흥부에게 달려와 벼락부자가 된 자초지종을 듣고는 자기도 새끼제비 한 마리를 잡아다가 다리를 부러뜨린 뒤 실로 동여매어 날려 보낸다. 그 제비 또한 이듬해 봄에 박씨를 물어다 주었다. 그러나 놀부가 심어서 거둔 박 속에서는 온갖 괴물이 나타나 그의 재산은 눈 깜짝할 시이에 모두 없어지고 그의 집은 수라장이 되었다. 마음씨 고운 흥부는 그래도 놀부를 지성으로 섬겨서 함께 행복을 누렸다는 이야기이다.

출처 : 흥부전 [興夫傳] (두산백과 두피디아, 두산백과)

답변 5. 놀부전이라고도 한다. 코믹하고 풍자적인 이야기는 놀부와 흥부라는 두 형제를 따라간다. 흥부는 가난하고 열심히 일해도 아내와 아이들과 함께 움집에서 살고 있다. 어느 날 그는 아기 제비를 구하고 무한한 보물을 생산하는 박씨를 보상으로 받는다. 흥부의 갑작스러운 부귀 소식을 들은 놀부는 자신의 박씨를 심고 대신 괴물들이 찾아와 놀부의 재산을 파괴한다. 결국 마음씨 착한 흥부는 놀부를 도와주고 둘은 함께 행복을 누린다.

사례 6. 머신 비전에서 색상 검사를 할 수 있는 파이선 코드를 알려줘

답변 6. 다음은 Python을 사용하여 색상 검사를 수행하는 방법을 보여주는 몇 가지 예제 코드입니다.

```
import cv2

import numpy as np


# Load the image and convert it to HSV color space

image = cv2.imread("image.jpg")

hsv = cv2.cvtColor(image, cv2.COLOR_BGR2HSV)


# Define the range of colors to detect

lower_color = np.array([0, 50, 50])

upper_color = np.array([10, 255, 255])


# Create a mask for the image

mask = cv2.inRange(hsv, lower_color, upper_color)


# Use the mask toextract only the relevant pixels from the image

filtered_image = cv2.bitwise_and(image, image, mask=mask)

# Display the images
```

```
cv2.imshow("Original", image)
cv2.imshow("Filtered", filtered_image)
cv2.waitKey(0)
cv2.destroyAllWindows()
```

이 코드는 이미지를 읽어 HSV 색상 공간으로 변환합니다. 그런 다음 색조, 채도 및 값 채널에 대한 하한 및 상한을 사용하여 감지할 색상 범위를 정의합니다. 지정된 색상 범위 내의 픽셀이 흰색이고 다른 모든 픽셀이 검은색인 이진 이미지를 반환하는 inRange 함수를 사용하여 이미지에 대한 마스크가 생성됩니다. bitwise_and 함수는 마스크를 사용하여 원본 이미지에서 관련 픽셀만 추출하는 데 사용됩니다. 마지막으로 OpenCV의 imshow 기능을 사용하여 원본 및 필터링된 이미지가 표시됩니다.

이게 도움이 되길 바란다! 궁금한 점이 있으면 알려주세요.

사례 7. 아래 파이선 코드에 대해 리뷰를 해줘

```
import cv2
import numpy as np
# Load the image and convert it to grayscale
```

```
image = cv2.imread("image.jpg")

gray = cv2.cvtColor(image, cv2.COLOR_BGR2GRAY)

# Blur the image to reduce high frequency noise

blurred = cv2.GaussianBlur(gray, (3, 3), 0)

# Use the Canny edge detection algorithm to detect edges

edges = cv2.Canny(blurred, 50, 150)

# Display the images

cv2.imshow("Original", image)

cv2.imshow("Edges", edges)

cv2.waitKey(0)

cv2.destroyAllWindows()
```

답변 7. 코드가 정확하고 Canny 알고리즘을 사용하여 가장자리 감지를 수행할 수 있어야 합니다. 다음은 코드가 수행하는 작업에 대한 간략한 개요입니다.

1. 이미지를 읽어 그레이스케일로 변환합니다.

2. 고주파 노이즈를 줄이기 위해 그레이스케일 이미지에 가우시안 블러를 적용합니다.

3. Canny 에지 감지 알고리즘을 사용하여 흐릿한 이미지의 에지를 감지합니다. Canny 함수는 처리할 이미지, 히스테리시스에 대한 하한 임

계값 및 히스테리시스에 대한 상한 임계값의 세 가지 매개변수를 사용합니다.

4. imshow 함수를 사용하여 원본 이미지와 에지 맵을 표시합니다.

5. 키 누름을 기다린 다음 모든 창을 닫습니다.

이게 도움이 되길 바란다! 궁금한 점이 있으면 알려주세요.

사례 8. 아래 파이선 코드에 대한 개선사항이 있는지 알려줘

```
import cv2

import numpy as np

# Load the image and convert it to grayscale

image = cv2.imread("image.jpg")

gray = cv2.cvtColor(image, cv2.COLOR_BGR2GRAY)

# Use the Canny edge detection algorithm to detect edges

edges = cv2.Canny(gray, 50, 150)

# Find contours in the image

contours, hierarchy = cv2.findContours(edges, cv2.RETR_EXTERNAL, cv2.CHAIN_APPROX_SIMPLE)

# Iterate through the contours and draw them on the image

for contour in contours:

cv2.drawContours(image, [contour], 0, (0, 255, 0), 2)
```

```
# Display the image
cv2.imshow("Shapes", image)
cv2.waitKey(0)
cv2.destroyAllWindows()
```

답변 8. 코드가 정확하고 모양 검사를 수행할 수 있어야 합니다. 다음 은 코드가 수행하는 작업에 대한 간략한 개요입니다.

1. 이미지를 읽어 그레이스케일로 변환합니다.

2. 캐니 에지 감지 알고리즘을 사용하여 그레이스케일 이미지에서 에 지를 감지합니다.

3. 윤곽선 목록과 윤곽선 계층 구조를 반환하는 findContours 함수를 사용하여 가장자리 맵에서 윤곽선을 찾습니다.

4. 윤곽선을 반복하고 drawContours 함수를 사용하여 원본 이미지에 그립니다.

5. imshow 함수를 사용하여 윤곽선이 그려진 이미지를 표시합니다.

6. 키 누름을 기다린 다음 모든 창을 닫습니다.

코드를 개선할 수 있는 명백한 개선 사항은 없습니다. 그러나 이미지 파일을 찾을 수 없거나 이미지를 읽을 수 없는 경우를 처리하기 위해 오 류 처리를 추가하는 것을 고려할 수 있습니다. FileNotFoundError 및 cv2.error 예외를 잡기 위해 try-except 블록을 사용하여 이를 수행할 수 있습니다.

대부분의 답글 마지막에는 아래와 글과 같이 끝이 난다.

"이게 도움이 되길 바란다! 궁금한 점이 있으면 알려주세요."

인공지능이 이렇게 친절해도 되는 건가.

현재 ChatGPT는 1,750억 개의 매개변수를 약 1만대의 A100 GPU에서 처리하고 있으며 사용자들에게 제공한 답변을 다시 사람이 평가하는 피드백 과정을 거치면서 신속하게 발전하고 있다. 이런 작업에는 3.7조 원이라는 매우 비싼 비용이 지불되고 서비스를 유지하기 위해 들어가는 비용이 가히 천문학적이라 할 수 있다. ChatGPT는 미국에서부터 시작하여 2월 초에는 한국에서도 유료로 서비스가 되기 시작하였다. 무료 버전도 여전히 서비스가 되지만 요청한 결과가 나오는 시간이 점점 느려지고 있다는 평가이다. 월 사용료는 미화 20불이다. 유튜브 프리미엄 평균 가격의 두 배 정도라고 할 수 있다. 솔직히 갈수록 콘텐츠나 프로그램에 지불하는 월 사용료가 증가하고 있는 것이 개인적으로 걱정이 되기도 하지만 현재 ChatGPT는 월 사용료가 아깝지 않을 정도로 많은 정보를 쏟아내고 있다. 관건은 'ChatGPT가 무엇이냐?'라는 것이 아니고 이 챗봇을 이용해서 얼마나 효율적인 결과를 도출해낼 수 있는가에 대해 집중적으로 공부하여 내가 원하는 결과를 가장 잘 도출해줄 수 있도록 스스로가 훈련하는 길이다.

ChatGPT와 관련해서 두 가지 용어가 눈에 띄어 간단히 소개하고자 한다.

첫째, 할루시네이션(Hallucination)이란 단어이다. 직역하면 '환각'이란 끔찍한 단어인데, 실제로 사용되는 의미도 이에 못지않게 좋지 않은 뜻이다. 쉽게 말하면 ChatGPT가 내놓는 결과가 마치 사실인 것 같지만 완벽한 거짓 자료를 제공하기도 한다는 것이다. 예를 들어 모차르트의 첼로협주곡에 대해 질문하다 쾨헬 번호까지 제공하며 답을 해주지만 사실은 그런 곡은 없다고 한다. 그리고 이순신 장군의 이지스함 발명에 대해 이야기해달라고 엉뚱한 질문을 하면 질문이 틀렸다고 말해주는 게 아니고 마치 사실인 것처럼 임진왜란 때 이지스함이 만들어지고 일본과의 전쟁에서 사용되어 조선왕조실록에도 기록이 남아 있다는 가짜 정보를 제공하기도 한다. 이것이 바로 할루시네이션이라고 할 수 있다.

둘째, 프롬프트 엔지니어(Prompt Engineer)란 신종 직업의 탄생이다. 그들의 역할은 ChatGPT에서 다양한 작업에 대한 모범 사례를 발견하고 테스트하여 문서화하는 일이다. 사용자들이 자신의 필요에 맞는 것을 검색하는 데 도움을 주는 쉬운 가이드와 함께 고품질의 프롬프트 서비스를 제공하기도 한다. 미국에서 이들의 예상 연봉은 한화로 2억에서 4억 원 정도가 된다고 하니 많은 사람들이 이 분야에 도전하게 될 것으로 예견된다. 나도 얼마 전 이프랜드 밋업에서 인공지능 관련 대화를 나눌 때 강조했던 말이 ChatGPT를 얼마나 생산적으로 사용하는가 하는 것이 경쟁력이 될 것이고 이 분야의 전문가가 필요해질 것이라고 언급한 적이 있는데, 미국에서는 이미 이 분야의 직업이 생겼다는 말을 듣고 정말 빠른 세상이구나 하고 감탄했다. 이 글의 독자들도 미국의 사례를 상세히 공부하여 전문 프롬프트 엔지니어에 도전해보는 것도 적극 권장한다.

인터넷과 스마트폰이 처음 선보일 때도 그랬듯이 아직도 주위 사람들에게 ChatGPT를 알려주고 사용해 보라고 하면은 자신에게는 그다지 필요하지 않는 서비스라고 외면하는 사람들도 많다. 하지만 평생을 신기술의 선두에 서서 살아온 나로서는 이 챗봇과의 동행은 이제 우리가 피할 수 없는 운명이라고도 생각한다. 인공지능, 우리가 알든 모르든 우리 곁에 바짝 다가와 서 있다.

DALL-E2

ChatGPT에 대해서 학습을 하다 보니 자연스럽게 인공지능 시스템으로 그림을 그려주는 프로그램에도 관심을 가지게 되었다 검색을 하다 보니 ChatGPT를 만든 OpenAI사에서 서비스를 하고 있는 DALL-E2에 대해서 알게 되었다. 항상 그렇듯이 궁금함을 참지 못하고 즉시 DALL-E2 사이트 'labs.openai.com'에 들어가서 텍스트를 입력해보았다. 다소 엉뚱한 형태의 문장을 입력하여 그래도 그림을 잘 그려주는지 궁금했다.

입력 : 외나무다리에서 호랑이와 사람이 만나서 호탕하게 웃는 모습을 그려라

결과 그림은 아래와 같다.

완성도는 높지 않았지만 그래도 내가 의도하는 바와 거의 유사하게 그림을 그려내는 것이 신기했다. 참고로 현재 DALl.-F2는 회원가입을 하면 무료로 50 Credits을 제공하고 그것이 다 소진되면 유료로 전환해야한다.

입력창 아래를 보니 아래 그림과 같이 유사한 그림을 그려낼 수 있다는 샘플 사진들이 보인다.

호기심 있는 분들은 나와 같이 즉시 한번 그림 그리는 것을 시도해보자. 입력하자마자 바로 그림을 출력해주는 인공지능 세상에 또 한 번 놀랄 수밖에 없었다. 이 서비스는 OpenAI사의 가장 큰 투자사인 MS사에

의해서 Office 365 사용자에게 곧 서비스가 될 예정이라는 뉴스도 전해

진다.

DALL-E2 샘플화면, 출처 : openai.com/dall-e-2

Midjourney

하루하루가 다르게 발전하는 인공지능 기술의 우열을 가리기는 힘들겠지만, 현재까지 많은 IT 전문가들이 추천하는 그림 그리는 인공지능 시스템 중에서 가장 선두에 서 있는 것이 Midjourney라 할 수 있다.

Midjourney와 관련해서 유명한 일화가 있다. 2022년 제이슨 앨런이라는 사람이 Midjourney로 그린 그림으로 콜로라도 주립 박람회 미술대회에 디지털 아트 부문에서 1위를 차지했다는 것이다. 제목은 '스페이스 오페라 극장'인데 아래 그림이 바로 그 작품이다.

출처 : Tom Wenseleers 트위터 캡처

　위에서 설명한 DALL-E2와 달리 이것은 음성, 채팅, 화상통화 등을 지원하는 인스턴트 메신저인 'discord' 서버를 통해서 서비스가 되고 있는데 회원가입 후 들어가서 체험을 해보니 듣던 대로 DALL-E2보다는 훨씬 완성도가 높은 그림을 그려주었다.

　한국의 디지털 아트 작가들이 Midjourney로 그린 그림으로 대구에서 전시회를 했다는 뉴스를 접한 적이 있다. 이처럼 앞으로 디지털 아트 부문에서도 아이디어만 좋으면 얼마든지 훌륭한 작품을 손쉽게 그려낼 수가 있는 세상이 온 것이다.

현재 Midjourney는 25장까지는 무료이고 그 이상 그림을 그리려면 유료로 전환되지만 월정액으로 가입만 하면 무한대로 그림을 그릴 수 있다는 것이 다른 프로그램과 차별화된 서비스이다.

다음 장의 그림들은 Midjourney에서 그린 순수한 나의 창작물들이다. 조금만 더 노력하면 나도 미디어 아티스트가 될 수 있겠다는 착각에 빠지게 하는 그림들이다.

바닷가의 금발 여인

에펠탑을 바라보는 닥스훈트

달에서의 캠핑

폭포가 흐르는 정글

인공지능 AI 기술 친구로 만들기

몇 년 전부터 내 전문 분야인 머신비전에서는 AI 기술을 접목한 프로그램을 제작하고 있었지만, 타 분야에는 AI가 얼마나 발전했는가에 대해서는 잠시 간과하고 지낸 것이 사실이다. 하지만 앞에서 이야기한 ChatGPT를 계기로 인공지능에 대해서 조금 더 자세히 공부를 하다 보니 발전 속도가 예상한 것보다 훨씬 빠르게 진행되고 있어, 앞으로 이 분야에 대해서 집중적으로 연구하고 어떻게 활용할 것인지 고민할 필요가 있다고 생각한다.

위에서 설명한 프로그램 외에도 TTS(Text To Speech)와 STT(Speech

to Text) 기술을 활용한 AI 프로그램들이 이미 우리 실생활에 많이 활용되고 있는데 이보다 한 걸음 더 나아가 2023년 1월 CES에서 기조 발표한 TTV(Text To Video)와 STV(Speech To Video) 기술을 개발하여 세계의 이목을 끈 회사가 한국의 웨인힐스 브라이언트라는 스타트 기업이란 것도 무척 반가운 뉴스였다.

TTV나 STV는 텍스트를 입력하거나 말을 하면 그것을 영상으로 바꿔주는 AI 알고리즘이다. 이제 유튜브 영상도 몇 분 안에 손쉽게 만들어내는 세상이 눈앞에 온 것이다.

TTV 기술에 대해 쓰고 난 뒤 우연한 기회에 '비디오 스튜(https://video stew.com/)'라는 프로그램을 무료 체험할 기회를 얻게 되었다. 2022년 9월부터 서비스한 프로그램인데 텍스트만 넣어주면 손쉽게 비디오 기반의 영상을 만들어주는 서비스를 제공하고 있다. 작년 말부터 유튜브가 틱톡의 대항마로 강력히 밀고 있는 숏츠 영상을 만드는 데 최상의 프로그램이라고 할 수 있다. 기존에 국내에서는 '타입캐스트(https://app. typecast.ai/ko)'라는 유명한 TTS 기반의 프로그램이 많은 사용자층을 확보하고 있었는데, 이것은 영상을 만들 때 이미지 기반의 슬라이드 쇼같은 영상이 만들어지는 것에 비해, 비디오 스튜는 인공지능 기반으로 TTV 기술로 완벽한 비디오 영상을 지원해주므로 영상의 완성도 측면에서 크게 차이가 난다고 할 수 있다. 숏츠 영상으로 자신의 유튜브 채널을 성장시키고 싶은 독자들에게 적극적으로 사용해볼 것을 추천한다. 유료 프로그램이지만 처음 가입 후 14일간의 무료 사용 기간이 주어지니 충분히 테스트해보고 유료화를 선택해도 좋으리라 생각한다.

인공지능에 대해 책을 쓰려고 하면 집필 과정에서 계속 새로운 기술들이 선보이고 있어 과연 책으로 출판하는 게 의미가 있나 싶을 정도로 기술 진보의 속도가 빠르게 전개되고 있다. 위에 열거한 몇 가지 기술처럼 인공지능 AI 시스템에 의해서 앞으로 점점 놀라운 세상이 전개되었다는 것에 매번 감탄을 할 수밖에 없을 것이다. 하지만 기술의 발달에도 불구하고, 이런 도구들에 스트레스를 받지 않고 얼마나 잘 이용하는지는 이 글을 읽는 독자분들의 개인 역량과 열정에 달려 있을 것이다.

에필로그

20년 전부터 내 버킷리스트에서 빠지지 않았던 책 쓰기 작업이, 인플루언서 활동을 하면서 만난 올레비엔 님 덕분에 첫걸음을 내딛게 되었다. 처음에는 이번에야말로 꼭 책을 완성할 거라고 독한 마음을 품고 시작했지만 글을 쓴다는 것은 역시 만만한 작업이 아니었다. 여러 가지 현생의 방해 요소와 부딪치면서 글쓰기 작업이 며칠씩 중지된 적도 많았다. 하지만 고비마디 올레비엔 님의 경험에서 우러난 격려가 적시에 많은 도움이 되었고 여러 난관을 넘긴 끝에 드디어 졸작이 완성되었다.

시니어 독자들에게 좀 더 많은 메시지를 전달해야 하겠다는 생각에 다양한 주제를 다루다 보니 내용이 다소 어수선한 면도 없진 않다. 그리고 내 생각을 글로 적는 것이 익숙하지 않다 보니 몇 번을 수정을 해도 세련되지 못한 거친 표현들이 그대로 발견된다. 그러나 비록 유명 작가들의 책과는 한참 거리가 있지만, 이 또한 나에 대한 기록이고 내가 지닌 생각을 솔직히 정리한 글이니 독자들에 우선해 나에게 가장 큰 의미가 있는 작업이었다고 생각한다.

일찍 돌아가신 아버지께서 생전에 하신 말씀이 기억난다. "사람은 각자 죽을 때가 되어서야 비로소 완성된다." 이 책에 '시니어'라는 타이틀이 걸렸지만 나는 앞으로도 남은 인생길을 한참 더 걸어가야 한다. 아버지의 말씀처럼 내가 눈을 감을 때 나의 인생도 비로소 성공작인지 실패작인지 판가름이 날 것이다. 그때까지는 내가 걸어온 발자국을 교훈 삼아 좀 더 현명하고 나은 길을 선택해 살아가고자 한다. 물론 나는 나의 열정을 응원한다.

이 책을 쓰면서 가장 크게 얻은 성과는 글을 쓰는 자신감이다. 이 책이 마무리되는 대로 다시 계획을 세워 책 안에서도 잠시 언급했던 '인공지능'과 '워크닉'에 대해서 그리고 내 전문 분야인 '머신비전'에 대해서도 차례대로 글을 쓰려고 한다. 이 책이 단 한 명의 독자에게라도 읽혀져서 그가 살아가야 할 세상에 자그마한 가이드라도 되어준다면 내가 수많은 밤을 새우며 글을 쓴 수고에 큰 보상이 될 것 같다.

우리는 모두 행복을 위해 살아간다. 이 책의 내용 중에도 강조했지만 다시 한 번 "여러분 우리 모두 무조건 행복하게 살아갑시다!"